日本人が知りたい

フランス人の
当たり前

フランス語リーディング

釣馨、武内英公子、ジスラン・ムートン 著

SANSHUSHA

はじめに

　本書の50の項目は今のフランスと、フランスと日本の関係を反映したものになっています。盛り込みたかったネタはまだまだあり、フランスは話題に事欠かない国であることを改めて思い知らされました。また、いかにフランス文化が目に見える形で、あるいは気づかない形で日本の日常に浸透しているかわかるでしょう。それを丹念に拾い出すことで、「フランス人の当たり前」を浮かび上がらせてみました。

　フランス発の文学や映画に浸りつつ先進的な文化国としてフランスにあこがれていた世代、マンガやアニメといったサブカルチャーをフランスと共有している若い世代。本書は、世代を問わず、フランスに関心ある人たちに楽しんでいただけると思います。興味のあるテーマから読み始めたら、次は隣接するテーマで新しい発見をしてください。

　グローバリゼーションが進んだ今日では、フランスと日本は同じ現実や問題を共有することもあります。例えば冒頭で、フランスのカフェの現状を解説したあとに、スターバックスのことが話題に上ります。福島の原発事故の際には、原発に依存する国として日本とフランスの関係がクローズアップされました。フランスについて知ることは、日本や世界全体について知ることにもつながるでしょう。

　この本の特徴は、フランス語がわからなくても、日本語で書かれたフランスの政治や文化の入門書としても読めることです。一方でリーディングの本としても、基本的な文法知識で読める平易なフランス語で書かれていますので、単語のヒントと日本語訳の助けを借りて読んでみましょう。フランス語がある程度できる人は、それぞれのテーマでどのような表現が使えるのか、どのように話題を展開できるのか、フランス人と会話をしているつもりで、具体的なシーンをイメージしてみましょう。

　現在進行形のフランスの輪郭をなぞることは、フランスをより深く知るための足がかりになるでしょうし、それはフランス語を学び続けるモチベーションにもなるでしょう。

　Ces 50 choses concrètes que les Japonais ont envie de savoir sur les Français... Rassurez-vous, vous trouverez forcément les réponses à vos questions en parcourant ce livre.（フランス人について知りたいことがたくさん…でも安心してください。この本がきっとあなたの疑問に答えてくれます）

釣馨
武内英公子
ジスラン・ムートン

この本の構成

日常生活、地理歴史、現代社会、文化芸術、その他の5分野から50のテーマを選び、100の質問を挙げています。それぞれ、「記事」と「会話」からなり、章末にはテーマに関するキーワードをまとめました。

記事編

最初の2ページは、フランスに関してみなさんが関心のあるテーマについてです。単語のヒントがあるので、初めてリーディングにチャレンジする方にも向いています。

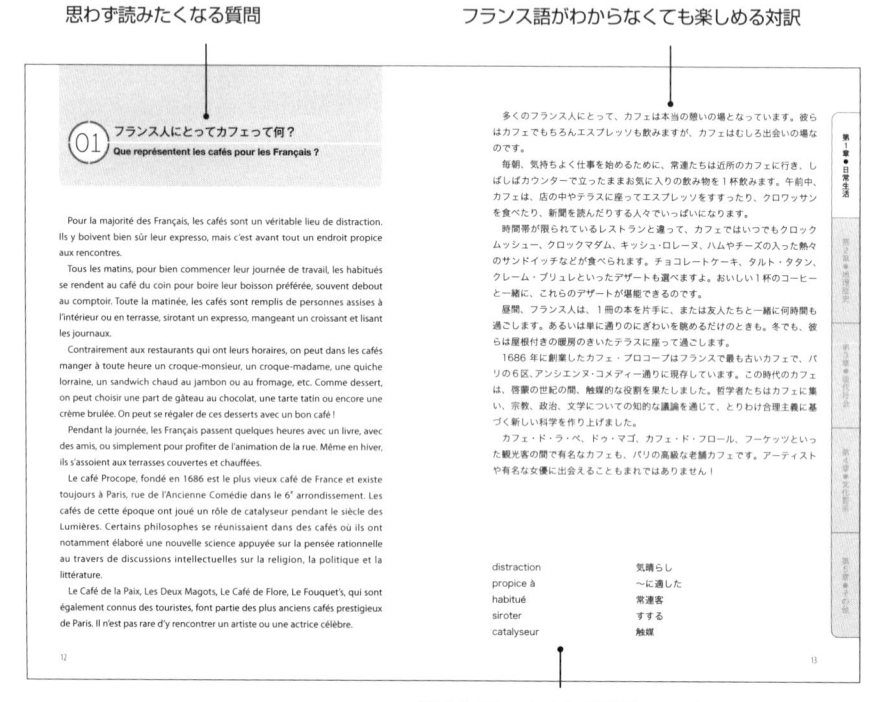

思わず読みたくなる質問

フランス語がわからなくても楽しめる対訳

読む上でヒントとなる単語のリスト

会話編

次の２ページでは、このテーマでフランス人と話したらどんな質問が可能か、会話をシミュレーション。会話の展開例は中級者も参考になります。

今さら聞けない質問からいつか聞きたかった質問まで

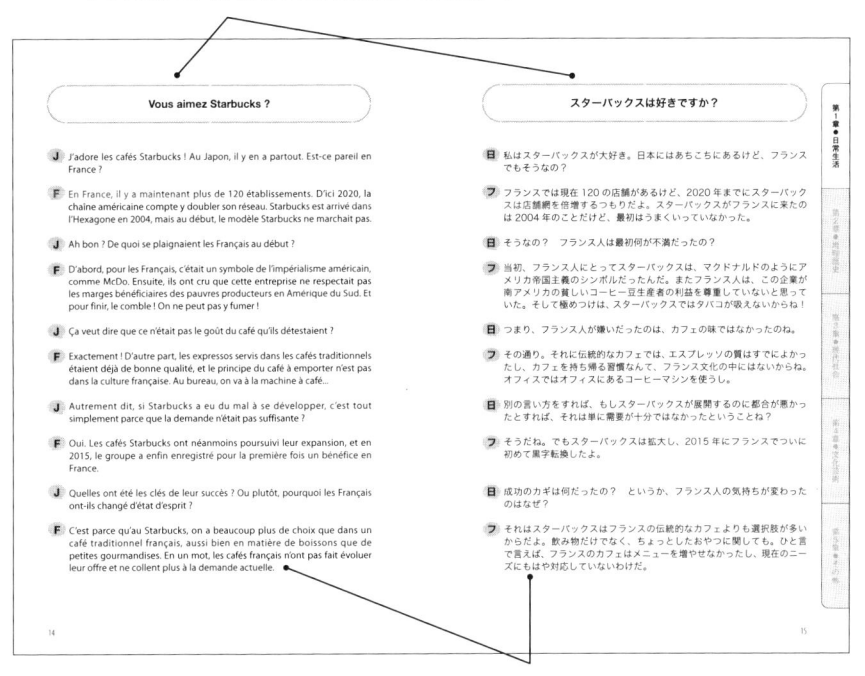

Vous aimez Starbucks ?

J : J'adore les cafés Starbucks ! Au Japon, il y en a partout. Est-ce pareil en France ?

F : En France, il y a maintenant plus de 120 établissements. D'ici 2020, la chaîne américaine compte y doubler son réseau. Starbucks est arrivé dans l'Hexagone en 2004, mais au début, le modèle Starbucks ne marchait pas.

J : Ah bon ? De quoi se plaignaient les Français au début ?

F : D'abord, pour les Français, c'était un symbole de l'impérialisme américain, comme McDo. Ensuite, ils ont cru que cette entreprise ne respectait pas les marges bénéficiaires des pauvres producteurs en Amérique du Sud. Et pour finir, le comble ! On ne peut pas y fumer !

J : Ça veut dire que ce n'était pas le goût du café qu'ils détestaient ?

F : Exactement ! D'autre part, les expressos servis dans les cafés traditionnels étaient déjà de bonne qualité, et le principe du café à emporter n'est pas dans la culture française. Au bureau, on va à la machine à café...

J : Autrement dit, si Starbucks a eu du mal à se développer, c'est tout simplement parce que la demande n'était pas suffisante ?

F : Oui. Les cafés Starbucks ont néanmoins poursuivi leur expansion, et en 2015, le groupe a enfin enregistré pour la première fois un bénéfice en France.

J : Quelles ont été les clés de leur succès ? Ou plutôt, pourquoi les Français ont-ils changé d'état d'esprit ?

F : C'est parce qu'au Starbucks, on a beaucoup plus de choix que dans un café traditionnel français, aussi bien en matière de boissons que de petites gourmandises. En un mot, les cafés français n'ont pas fait évoluer leur offre et ne collent plus à la demande actuelle.

スターバックスは好きですか？

日：私はスターバックスが大好き。日本にはあちこちにあるけど、フランスでもそうなの？

フ：フランスでは現在 120 の店舗があるけど、2020 年までにスターバックスは店舗網を倍増するつもりだよ。スターバックスがフランスに来たのは 2004 年のことだけど、最初はうまくいっていなかった。

日：そうなの？ フランス人は最初何が不満だったの？

フ：当初、フランス人にとってスターバックスは、マクドナルドのようにアメリカ帝国主義のシンボルだったんだ。またフランス人は、この企業が南アメリカの貧しいコーヒー豆生産者の利益を尊重していないと思っていた。そして極めつけは、スターバックスではタバコが吸えないからね！

日：つまり、フランス人が嫌いだったのは、カフェの味ではなかったのね。

フ：その通り。それに伝統的なカフェでは、エスプレッソの質はすでによかったし、カフェを持ち帰る習慣なんて、フランス文化の中にはないからね。オフィスではオフィスにあるコーヒーマシンを使うし。

日：別の言い方をすれば、もしスターバックスが展開するのに都合が悪かったとすれば、それは単に需要が十分ではなかったということ？

フ：そうだね。でもスターバックスは拡大し、2015 年にフランスについに初めて黒字転換したよ。

日：成功のカギは何だったの？　というか、フランス人の気持ちが変わったのはなぜ？

フ：それはスターバックスはフランスの伝統的なカフェよりも選択肢が多いからだよ。飲み物だけではなく、ちょっとしたおやつに関しても。ひと言で言えば、フランスのカフェはメニューを増やせなかったし、現在のニーズにはもはや対応していないわけだよ。

フランス人とのコミュニケーションですぐに役立つ会話例

キーワード

各章末に、本書で扱ったテーマに関するキーワードをまとめました。フランス文化についてさらに理解が深まります。

目次

　この本の構成 ……………………………………………………… 4

第1章　日常生活

1　フランス人にとってカフェって何？ ………………………… 12
　　スターバックスは好きですか？
2　フランス人は毎日ワインを飲んでいるの？ ………………… 16
　　フランス人女性のワインの好みは？
3　フランス人が好きな地方の料理って何なの？ ……………… 20
　　フランス人は本当にカタツムリとウサギを食べるの？
4　好きなデザートは何ですか？ ………………………………… 24
　　日本だと「ミルフィーユ」って言うけど違うの？
5　好きなスポーツは何ですか？ ………………………………… 28
　　ペタンクは本当にスポーツなの？
6　フランス人は犬が大好きなの？ ……………………………… 32
　　犬のウンチで街が汚いって本当？
7　フランス人はどうやって挨拶するの？ ……………………… 36
　　地方によってビズの回数が違うって本当？
8　なぜ夏のバカンスはこんなに長いの？ ……………………… 40
　　2週間も3週間もバカンスに出かけるって長すぎない？
9　フランス人はどうやってクリスマスを祝うの？ …………… 44
　　フランスではクリスマスにごちそうを食べるの？
10　フランス人はたくさんパンを食べるの？ …………………… 48
　　パリで一番おいしいバゲットを買えるのはどこ？
11　フランス人のお気に入りの料理は？ ………………………… 52
　　フランス人の好きなファストフードは何？
12　日本料理はフランスで人気なの？ …………………………… 56
　　「メイド・イン・フランス」の昆布もあるの？

　キーワード① ……………………………………………………… 60

第2章　地理歴史

13　パリの魅力は何？ ……………………………………… 62
　　　パリを訪れるのに最もいい季節は？
14　最も訪れる人の多い歴史的建築物は？ ……………… 66
　　　ヴェルサイユ宮殿以外に訪れるべき歴史的建造物は？
15　パリで訪れるべき小さな美術館は？ ………………… 70
　　　家族で訪れるべき博物館は？
16　地方で訪れるべき美術館は？ ………………………… 74
　　　なぜアブダビにもルーヴル美術館を作るの？
17　北と南で気候の違いはあるの？ ……………………… 78
　　　セミはフランスのどこで見られるの？
18　ブルゴーニュとボルドーワインの違いは何？ ……… 82
　　　ボルドー、ブルゴーニュワインと合う料理は？
19　ロワール川沿いに城が多いのはなぜ？ ……………… 86
　　　なぜダヴィンチの墓がフランスにあるの？
20　フランス人の好きな歴史的人物は誰？ ……………… 90
　　　フランスで最も好かれている大統領は誰？
21　フランスの国旗はなぜ「青、白、赤」なの？ ……… 94
　　　どうして国歌は「ラ・マルセイエーズ」と呼ばれるの？
22　革命記念日はどうやって祝うの？ …………………… 98
　　　外人部隊って何？

　　キーワード② …………………………………………… 102

第3章　現代社会

23　フランスは極右になだれをうっているの？ ………… 104
　　　フランス人は極右を恐れているの？
24　フランスの離婚率は高いの？ ………………………… 108
　　　複合家族の難しさは何？
25　同性カップルの結婚は認められているの？ ………… 112
　　　「みんなのための結婚」の法律で何が変わったの？

26 なぜフランスの出生率は高いの？ ………………………… 116
　　 フランス人の最初の出産は平均何歳？

27 フランスでは仕事場で男女平等なの？ ………………… 120
　　 フランスの職場にもセクハラってある？

28 フランスは核エネルギーを推進し続けているの？ ……… 124
　　 なぜフッセンハイム原発を閉鎖しなくてはいけないの？

29 フランス人は電車で旅行するの？ ……………………… 128
　　 フランスにも電車オタクっているの？

30 ヴェリブって何？ ………………………………………… 132
　　 ヴェリブはどうやって使うの？

31 どうして日曜はデパートが閉まっているの？ …………… 136
　　 バーゲンの日はどうやって決まるの？

32 バカロレアって何？ ……………………………………… 140
　　 バカロレアの哲学試験はどうやって行われるの？

33 今日のライシテって何？ ………………………………… 144
　　 どうしてベール着用問題で社会が2つに割れているの？

34 フランス人は今でも教会に行くの？ …………………… 148
　　 今日フランスで教会に行っているのは誰？

35 フランスの「ストの文化」はどこから来ているの？ ……… 152
　　 フランス人は本当にいつもストをしているの？

36 どうしてフランスはテロリストの標的になるの？ ……… 156
　　 なぜテロリストはフランスで皆が楽しむ場所を攻撃するの？

37 欧州連合におけるフランスの役割は？ ………………… 160
　　 何がユーロ危機を引き起こしたの？

　　 キーワード③ ……………………………………………… 164

第4章　文化芸術

38 どうやってマンガはフランスに根づいたの？ ………… 168
　　 日本のマンガとバンド・デシネの違いは何？

39 フランス映画はどういうイメージなの？ ………………… 172
　　ハリウッドで最も評価されている俳優は誰？

40 フランス人のお気に入りの歌手って誰？ ………………… 176
　　どうして今のフランスの歌手は日本で知られていないの？

41 『星の王子さま』はなぜそんなに人気があるの？ ……… 180
　　サン＝テグジュペリってどんな人だっけ？

42 『レ・ミゼラブル』はいつの時代の話なの？ …………… 184
　　ヴィクトル・ユゴーってどんな人？

43 パリではどこでオペラを見られる？ ……………………… 188
　　オペラは好き？

44 フランスの美食はなぜ無形文化遺産に選ばれたの？ …… 192
　　フランス料理と日本料理の違いは何？

　　キーワード④ ………………………………………………… 196

第5章　その他

45 フランス人はそんなにオシャレなの？ …………………… 198
　　フランス人女性のイメージは変わったの？

46 どうしてフランス人はそんなにスリムなの？ …………… 202
　　フランス女性はまだやせたいの？

47 なぜ「フランス製」は高級品のチャンピオンなの？ …… 206
　　ルイ・ヴィトンの会長って誰？

48 フランス人は英語を話さないって本当？ ………………… 210
　　なぜフランス人は英語を話せないの？

49 フランス以外でもフランス語は話されているの？ ……… 214
　　フランス語は世界中で話されているの？

50 フランスの地方語は何？ …………………………………… 218
　　地方語を話す人はたくさんいるの？

　　キーワード⑤ ………………………………………………… 222

日常生活

第 1 章

Vie quotidienne

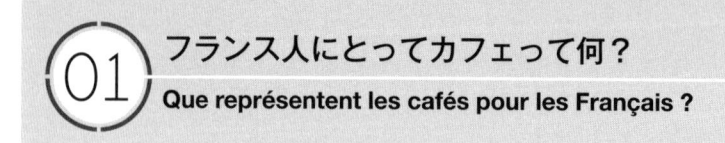

01 フランス人にとってカフェって何 ?
Que représentent les cafés pour les Français ?

Pour la majorité des Français, les cafés sont un véritable lieu de distraction. Ils y boivent bien sûr leur expresso, mais c'est avant tout un endroit propice aux rencontres.

Tous les matins, pour bien commencer leur journée de travail, les habitués se rendent au café du coin pour boire leur boisson préférée, souvent debout au comptoir. Toute la matinée, les cafés sont remplis de personnes assises à l'intérieur ou en terrasse, sirotant un expresso, mangeant un croissant et lisant les journaux.

Contrairement aux restaurants qui ont leurs horaires, on peut dans les cafés manger à toute heure un croque-monsieur, un croque-madame, une quiche lorraine, un sandwich chaud au jambon ou au fromage, etc. Comme dessert, on peut choisir une part de gâteau au chocolat, une tarte tatin ou encore une crème brulée. On peut se régaler de ces desserts avec un bon café !

Pendant la journée, les Français passent quelques heures avec un livre, avec des amis, ou simplement pour profiter de l'animation de la rue. Même en hiver, ils s'assoient aux terrasses couvertes et chauffées.

Le café Procope, fondé en 1686 est le plus vieux café de France et existe toujours à Paris, rue de l'Ancienne Comédie dans le 6e arrondissement. Les cafés de cette époque ont joué un rôle de catalyseur pendant le siècle des Lumières. Certains philosophes se réunissaient dans des cafés où ils ont notamment élaboré une nouvelle science appuyée sur la pensée rationnelle au travers de discussions intellectuelles sur la religion, la politique et la littérature.

Le Café de la Paix, Les Deux Magots, Le Café de Flore, Le Fouquet's, qui sont également connus des touristes, font partie des plus anciens cafés prestigieux de Paris. Il n'est pas rare d'y rencontrer un artiste ou une actrice célèbre.

多くのフランス人にとって、カフェは本当の憩いの場となっています。彼らはカフェでもちろんエスプレッソも飲みますが、カフェはむしろ出会いの場なのです。

毎朝、気持ちよく仕事を始めるために、常連たちは近所のカフェに行き、しばしばカウンターで立ったままお気に入りの飲み物を1杯飲みます。午前中、カフェは、店の中やテラスに座ってエスプレッソをすすったり、クロワッサンを食べたり、新聞を読んだりする人々でいっぱいになります。

時間帯が限られているレストランと違って、カフェではいつでもクロックムッシュー、クロックマダム、キッシュ・ロレーヌ、ハムやチーズの入った熱々のサンドイッチなどが食べられます。チョコレートケーキ、タルト・タタン、クレーム・ブリュレといったデザートも選べますよ。おいしい1杯のコーヒーと一緒に、これらのデザートが堪能できるのです。

昼間、フランス人は、1冊の本を片手に、または友人たちと一緒に何時間も過ごします。あるいは単に通りのにぎわいを眺めるだけのときも。冬でも、彼らは屋根付きの暖房のきいたテラスに座って過ごします。

1686年に創業したカフェ・プロコープはフランスで最も古いカフェで、パリの6区、アンシエンヌ・コメディー通りに現存しています。この時代のカフェは、啓蒙の世紀の間、触媒的な役割を果たしました。哲学者たちはカフェに集い、宗教、政治、文学についての知的な議論を通じて、とりわけ合理主義に基づく新しい科学を作り上げました。

カフェ・ド・ラ・ペ、ドゥ・マゴ、カフェ・ド・フロール、フーケッツといった観光客の間で有名なカフェも、パリの高級な老舗カフェです。アーティストや有名な女優に出会えることもまれではありません！

distraction	気晴らし
propice à	〜に適した
habitué	常連客
siroter	すする
catalyseur	触媒

Vous aimez Starbucks ?

J J'adore les cafés Starbucks ! Au Japon, il y en a partout. Est-ce pareil en France ?

F En France, il y a maintenant plus de 120 établissements. D'ici 2020, la chaîne américaine compte y doubler son réseau. Starbucks est arrivé dans l'Hexagone en 2004, mais au début, le modèle Starbucks ne marchait pas.

J Ah bon ? De quoi se plaignaient les Français au début ?

F D'abord, pour les Français, c'était un symbole de l'impérialisme américain, comme McDo. Ensuite, ils ont cru que cette entreprise ne respectait pas les marges bénéficiaires des pauvres producteurs en Amérique du Sud. Et pour finir, le comble ! On ne peut pas y fumer !

J Ça veut dire que ce n'était pas le goût du café qu'ils détestaient ?

F Exactement ! D'autre part, les expressos servis dans les cafés traditionnels étaient déjà de bonne qualité, et le principe du café à emporter n'est pas dans la culture française. Au bureau, on va à la machine à café...

J Autrement dit, si Starbucks a eu du mal à se développer, c'est tout simplement parce que la demande n'était pas suffisante ?

F Oui. Les cafés Starbucks ont néanmoins poursuivi leur expansion, et en 2015, le groupe a enfin enregistré pour la première fois un bénéfice en France.

J Quelles ont été les clés de leur succès ? Ou plutôt, pourquoi les Français ont-ils changé d'état d'esprit ?

F C'est parce qu'au Starbucks, on a beaucoup plus de choix que dans un café traditionnel français, aussi bien en matière de boissons que de petites gourmandises. En un mot, les cafés français n'ont pas fait évoluer leur offre et ne collent plus à la demande actuelle.

スターバックスは好きですか？

日 私はスターバックスが人好き。日本にはあちこちにあるけど、フランスでもそうなの？

フ フランスでは現在 120 の店舗があるけど、2020 年までにスターバックスは店舗網を倍増するつもりだよ。スターバックスがフランスに来たのは 2004 年のことだけど、最初はうまくいっていなかった。

日 そうなの？　フランス人は最初何が不満だったの？

フ 当初、フランス人にとってスターバックスは、マクドナルドのようにアメリカ帝国主義のシンボルだったんだ。またフランス人は、この企業が南アメリカの貧しいコーヒー豆生産者の利益を尊重していないと思っていた。そして極めつけは、スターバックスではタバコが吸えないからね！

日 つまり、フランス人が嫌いだったのは、カフェの味ではなかったのね。

フ その通り。それに伝統的なカフェでは、エスプレッソの質はすでによかったし、カフェを持ち帰る習慣なんて、フランス文化の中にはないからね。オフィスではオフィスにあるコーヒーマシンを使うし。

日 別の言い方をすれば、もしスターバックスが展開するのに都合が悪かったとすれば、それは単に需要が十分ではなかったということね？

フ そうだね。でもスターバックスは拡大し、2015 年にフランスでついに初めて黒字転換したよ。

日 成功のカギは何だったの？　というか、フランス人の気持ちが変わったのはなぜ？

フ それはスターバックスはフランスの伝統的なカフェよりも選択肢が多いからだよ。飲み物だけでなく、ちょっとしたおやつに関しても。ひと言で言えば、フランスのカフェはメニューを増やせなかったし、現在のニーズにもはや対応していないわけだ。

02 フランス人は毎日ワインを飲んでいるの？
Le vin fait-il partie du quotidien des Français ?

Traditionnellement, le vin occupe une place centrale dans le quotidien des Français. Ils l'associent à la convivialité et considèrent qu'il leur permet de passer un bon moment et rend leur vie plus festive. Le vin accompagne également les repas quotidiens et s'offre souvent, à l'occasion d'un dîner entre amis ou pour une occasion particulière, comme un anniversaire.

L'accord idéal entre un mets et un vin est l'un des thèmes de discussion les plus abordés par les Français. Même quand ils sont en vacances, ils cherchent à découvrir ou à goûter des vins locaux. Le vin reste ainsi très présent dans la vie quotidienne des Français.

Pourtant, la consommation de vin a tendance à diminuer. Surtout la consommation chez les jeunes qui est, elle, en grand déclin. La majorité des jeunes peine à se retrouver dans les marques et préfère boire autre chose, comme de la bière, par exemple. Ils se désintéressent du vin et s'en éloignent, alors que l'image qu'ils en ont n'est pas forcément négative. Le vin est ainsi concurrencé par d'autres boissons alcoolisées.

D'autre part, la concurrence internationale progresse sur le marché du vin. Au niveau mondial, la France doit protéger ses positions et gagner du terrain sur les nouveaux marchés. Les vins français sont forcés de lutter, non seulement en France, mais aussi en Europe et dans les pays du Nouveau Monde contre les vins australiens, argentins, californiens, chiliens, sud-africains, voire néo-zélandais !

C'est une concurrence sauvage, mais heureusement les exportations des vins AOC (appellation d'origine contrôlée) comme ceux du Languedoc-Roussillon ou des Côtes du Rhône ont tendance à augmenter.

伝統的に、ワインはフランス人の日常生活の中心を占めています。彼らは楽しい会食にワインは欠かせないと思っているし、ワインのおかげで、すてきな時を過ごせ、人生がより華やかなものになると考えています。ワインはまた普段の食事にも添えられ、友人たちとの夕食の機会、あるいは誕生会といった特別な機会にしばしばプレゼントされます。

　料理とワインの理想的な組み合わせは、フランス人たちの会話の中で最も好まれるテーマのひとつです。バカンス先ですら、彼らはその土地のワインを発見し、味わおうとします。このようにワインはフランス人たちの日常生活の中に大きな存在感を持ち続けています。

　とはいえ、ワインの消費量は減少傾向にあります。特に若者たちのワイン消費は大きく減っています。若者たちの多くはワインの銘柄を選ぶのに難儀し、別のアルコール飲料、例えばビールなどを好みます。彼らはワインから遠ざかっていますが、必ずしも彼らがワインに対してネガティブなイメージを抱いているわけではありません。このように、ほかのアルコール飲料と競合関係にあるのです。

　一方、ワイン市場における国際競争も激しくなっています。世界的に見て、フランスは新しい市場で自分の地位を守り、シェアを伸ばさなくてはなりません。フランスのワインはフランスでのみならず、ヨーロッパや新大陸において、オーストラリア、アルゼンチン、カリフォルニア、チリ、南アフリカ、さらにはニュージーランドのワインとの戦いを強いられているのです！

　激しい競争ですが、幸いラングドック＝ルシヨンやコート・デュ・ローヌといった原産地呼称統制（AOC）ワインの輸出は増加傾向にあります。

convivialité	打ち解けた雰囲気
mets	料理
aborder	取り組む
en déclin	衰退している
se désintéresser de	〜に興味をなくす

Comment les Françaises aiment-elles le vin ?

J On dit que du point de vue marketing, il est très important pour les vignerons de s'adapter aux goûts de la société et des femmes. Concrètement, quel type de vin les Françaises préfèrent-elles ?

F Elles optent pour le rouge. La préférence pour le rouge est encore plus marquée en avançant dans l'âge.

J En quelle occasion boivent-elles du vin ?

F Elles considèrent que le vin favorise les moments conviviaux. C'est donc plutôt lors d'une soirée entre amis qu'elles aiment le consommer. En France, le vin est plutôt considéré comme un produit traditionnel « élégant », à l'instar de l'image de la femme française.

J Pour elles, quels sont les critères qui entrent en compte pour l'achat d'une bouteille ?

F Le choix repose sur l'origine du vin. Elles choisissent aussi le vin selon les cépages.

J On dit que la tendance chez les vignerons est de créer d'abord des vins plus sucrés et pétillants, ainsi que des designs plus féminins sur les bouteilles. Vous, aimez-vous ce type de vin ?

F Moi, personnellement, rouge, rosé ou blanc, peu importe la couleur. Je n'apprécie que les vins, pas forcement chers, mais de bonne qualité.

J Le vin vous accompagne-t-il lors de vos rendez-vous galants ?

F Oui ! Personnellement, je le considère comme un élément important voire essentiel lors d'une rencontre amoureuse !

フランス人女性のワインの好みは？

日 マーケティングの視点からは、生産者が社会と女性の好みに合わせることが大切よね？　具体的には、フランス人女性はどのワインが好みなの？

フ 赤ワインが好きな傾向にあるね。赤ワインに対する嗜好は年齢とともにいっそう顕著になるんだ。

日 彼女たちはどんなときにワインを飲むの？

フ 彼女たちは、ワインは和気あいあいとした時間を過ごすのによいと思っているよ。だからワインを飲みたいと思うのはどちらかと言うと友達と夜を過ごすときだ。フランスでワインは、フランス人女性のように「エレガントな」伝統的生産品と思われているよ。

日 彼女たちにとってワインを買うために考慮する基準は何？

フ ワインの産地だよ。ブドウの品種によっても選ぶ。

日 生産者はまず甘くて発泡性のあるワインを作り、そしてボトルのデザインもより女性的なものにする傾向にあるっていうけど、あなたはこういうタイプのワインは好き？

フ 僕は個人的には、赤でも白でもロゼでも、どの色でもOKさ。必ずしも高くなくて、品質のいいワインしか評価しないから。

日 あなたはデートのときもワインを飲むの？

フ そうさ！　個人的に、僕はワインを愛の出会いの際の、重要で本質的な要素だと思っているからね。

03 フランス人が好きな地方の料理って何なの？
Quels sont les plats régionaux qu'aiment les Français ?

Chaque coin de France possède des produits régionaux marqués par leur environnement : les truffes du Périgord, les escargots de Bourgogne, le foie gras du Sud-Ouest, les poissons de Méditerranée etc.

Ce sont autant de produits qui se retrouvent dans nos assiettes pour représenter fièrement les régions qui les ont vus grandir. Ainsi, en Provence on aura tendance à dire qu'on aime la bouillabaisse, cette soupe marseillaise qui contient au moins quatre poissons de roche, tous cuits dans un bouillon aromatisé et servis avec de la rouille, une sauce typiquement provençale, ainsi que des croûtons. Parallèlement, dans le Sud-Ouest on vantera les mérites d'une délicieuse recette secrète de foie-gras, pendant qu'en Bourgogne on parlera de beurre persillé et d'escargots.

Concernant les plats traditionnels régionaux que tous les Français aiment manger à la maison, on retrouve le pot-au-feu, la poule-au-pot, l'omelette et bien sûr, la fameuse soupe à l'oignon ! Des plats simples réalisés avec des produits modestes mais qui, bien préparés, peuvent s'avérer vraiment délicieux.

Le meilleur exemple reste la soupe à l'oignon. Le plat réunit des ingrédients emblématiques de la cuisine française : fond de volaille, os à moelle, oignon fondu, pain et fromage. C'est délicieux et c'est un goût qui rappelle toujours un peu les souvenirs d'enfance, les fêtes de famille, et la vie en France.

フランスの地方にはそれぞれ、その風土に特徴的な地方の食材があります。ペリゴール地方のトリュフ、ブルゴーニュ地方のエスカルゴ、南西部のフォワグラ、南仏の魚、といった具合に。

　これだけの食材が私たちの皿に並び、誇らしげに、それらが育った地方を代表するのです。こうして、プロヴァンス地方では、ブイヤベースが好きと言われる傾向があるでしょう。このマルセイユのスープは、ハーブの香りのブイヨンで煮込まれた、少なくとも4種類の岩礁魚が入っており、プロヴァンス特有のソースであるルイユと、クルトンとともに供されます。また南西部では、フォワグラのおいしい秘密のレシピの価値を誇り、ブルゴーニュ地方ではパセリ・バターとエスカルゴのことを語るでしょう。

　すべてのフランス人が家で食べるのを好む地方の伝統料理には、ポトフ、鶏と野菜の煮込み（プロポ）、オムレツなどがあります。もちろん有名なオニオン・スープも！　これらは、質素な食材で、簡単に作れる料理ですが、ちゃんと準備すれば本当においしくなるんです。

　最高の例はやはりオニオン・スープです。この料理はフランス料理の象徴的な材料を結集しています。鶏のブイヨン、牛の髄骨、飴色のタマネギ、パンとチーズ。おいしくて、子ども時代や家族の祝い事、フランスの生活を、いつもちょっぴり思い起こさせてくれる味なんです。

poisson de roche	岩礁魚
vanter	ほめそやす
recette	レシピ
s'avérer	明らかになる
ingrédient	材料

Les Français mangent-ils vraiment des escargots et du lapin ?

J Les Français ne mangent pas les grenouilles ou les escargots ?

F Si, mais pas comme on le décrit à l'étranger. C'est un peu comme une légende urbaine : beaucoup de Français n'ont jamais mangé de grenouilles ni d'escargots.

J Ah bon ? Où est-ce que vous mangez votre cuisine régionale en général ?

F Pour une cuisine « conviviale » comme la cuisine du terroir, on privilégie les estaminets ou les bistrots locaux, où l'on peut manger nombreux, en famille ou entre amis.

J Les Français ne cuisinent pas leurs propres plats régionaux ?

F Si, bien sûr ! Lorsque que l'on habite à la campagne, on utilise en priorité les fruits et les légumes frais de son jardin ou des champs de ses amis. Ainsi, quand un ami a fait une bonne récolte, il n'est pas rare qu'il vienne taper à ta porte pour te donner une caisse de pommes de terre, d'endives ou d'échalotes. Il arrive même que des amis chasseurs te donnent un lapin ou une perdrix : il faut bien être capable de cuisiner tout ça chez soi !

J Quoi ?! Vous mangez du lapin ?

F Oui, c'est délicieux avec une sauce au vin rouge et aux pruneaux. Ça a un goût de poulet ! Ne sois pas choquée, vous les Japonais, vous mangez bien du poisson en sashimi, tellement frais qu'il est parfois encore vivant ! Tous les goûts du terroir et des plats régionaux sont dans la nature !

フランス人は本当にカタツムリとウサギを食べるの？

日 フランス人はカエルやカタツムリは食べないの？

フ 食べるよ。だけど外国で言われているようには食べられてない。それはちょっとした都市伝説みたいなもんだね。多くのフランス人はカエルもカタツムリも食べたことがないんだから。

日 そうなの？ じゃ、フランス人は普通地方料理ってどこで食べるの？

フ 郷土料理みたいな「和気あいあいと食べる」料理といえば、家族や友人たちと大勢で食べることができる居酒屋や地方のビストロによく行くよ。

日 フランス人って自分たちの地方料理を作らないの？

フ もちろん作るよ！ フランスの田舎に住んでいれば、自分の庭や友達の畑で採れた新鮮な果物、野菜を真っ先に使うよ。だから、友達の誰かがたくさん収穫したら、ジャガイモやアンディーヴやエシャロットを1箱持って君の家のドアを叩きにやって来ることはよくあるよ。猟をしている友達がウサギやヤマウズラを持って来てくれることさえあるし。だからこういった食材はすべて自分の家でちゃんと料理できなくちゃいけないんだよ！

日 何ですって!? フランス人はウサギを食べるの？

フ うん、赤ワインとプルーンのソースで食べるとおいしいよ。鶏の味がするんだ！ ショックを受けないでよ。君たち日本人は、刺身で生の魚を食べるでしょ。新鮮すぎて、ときにはまだ生きていることもある！ すべての土地の味や地方料理って自然の中にあるんだよ！

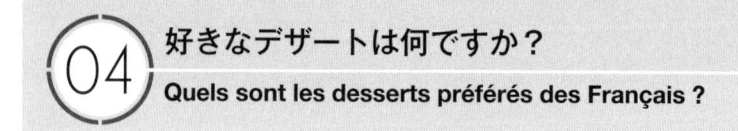

04 好きなデザートは何ですか？
Quels sont les desserts préférés des Français ?

Parmi les desserts préférés des Français et des Françaises, on retrouve bien sûr la crème brûlée à la vanille, l'éclair au chocolat, le millefeuille, le fondant au chocolat, l'opéra, le Paris-Brest, la mousse au chocolat ou le Saint-Honoré. Par ailleurs, les Japonais sont souvent surpris de l'apprendre, mais l'un des desserts favoris des Français reste encore aujourd'hui le Baba au rhum !

Dans cette liste, on retrouve des crèmes à la vanille, des crèmes Chiboust (aussi appelée « crème Saint-Honoré ») et beaucoup de chocolat. Ce sont des goûts qui sont plutôt universels, et des pâtisseries telles que le millefeuille ou l'éclair au chocolat se vendent donc partout en France, dans les supermarchés, les boulangeries, ou encore dans les pâtisseries de renom.

L'histoire de chacun de ces gâteaux est également très intéressante. Le Baba au rhum, par exemple, a été inventé par Nicolas Stohrer, pâtissier de la reine Marie Leczinska, épouse de Louis XV. On peut encore aujourd'hui déguster le fameux gâteau imbibé de rhum dans la plus ancienne pâtisserie de Paris, la pâtisserie Stohrer qui existe depuis 1730, rue Montorgueil, dans le deuxième arrondissement.

L'exemple de l'invention accidentelle de la tarte tatin est lui aussi très intéressant : il s'agit d'une tarte aux pommes renversée dans laquelle les pommes sont caramélisées au sucre et au beurre avant la cuisson de la tarte. La légende dit que Stéphanie Tatin, étourdie, aurait oublié de mettre la pâte à tarte dans le moule et l'aurait rajoutée par-dessus les pommes après le début de la cuisson. Les clients de son auberge ont adoré et… nous aussi !

フランス人が男女問わず好きなデザートには、バニラ風味のクレーム・ブリュレはもちろんのこと、チョコレート・エクレア、ミルフィーユ、フォンダン・オ・ショコラ、オペラ、パリ・ブレスト、ムース・オ・ショコラ、サントノレがあります。さらに、日本人はそれを知ると驚くことが多いのですが、フランス人のお気に入りのデザートに今日も相変わらずババ・オ・ラムが入っているんですよね！

　このリストの中には、バニラ・クリームやクレーム・シブスト（「クレーム・サントノレ」とも呼ばれます）やたくさんのチョコレートが使われています。これらの味はどちらかというと「普遍的な」味なので、ミルフィーユやチョコレート・エクレアのようなお菓子は、スーパー、パン屋、あるいは有名なパティスリーなど、フランスの至る所で売られています。

　これらのお菓子1つひとつにまつわる歴史もとても興味深いものがあります。例えばババ・オ・ラムは、ルイ15世の妻、マリ・レクザンスカ王妃の菓子職人ニコラ・ストレールによって発明されました。今日でも、この有名な「ラム酒に浸された」お菓子は、2区モントルグイユ通りにある1730年創業のパリで最も古いお菓子屋さん、ストレール菓子店で味わうことができます。

　タルト・タタンが偶然発明されたという話もとても興味深いです。それは、タルトを焼く前にひっくり返して、リンゴが砂糖とバターでキャラメルのように溶けているリンゴ・タルトのことです。伝説によれば、そそっかしいステファニー・タタンが焼き型にタルト生地をのせるのを忘れて、焼き始めてからリンゴの上から生地を加えたということのようです。彼女の宿のお客たちはそれがとっても気に入ったということですが、私たちもなんです！

de renom	評判の
imbibé	しみこませた
caramélisé	カラメル状にした
étourdi	そそっかしい
moule	型

La prononciation de « millefeuille » est différente au Japon ?

J Les Japonais connaissent bien le « millefille », c'est une pâtisserie française n'est-ce pas ?

F Le quoi ? Ah, le « millefeuille » ! Oui, les Français l'adorent, mais la prononciation japonaise est malheureusement basée sur celle du mot en katakana. Et celui ou celle qui l'a transcrit la première fois l'a fait se prononcer « millefille », ce qui crée une incompréhension pour les Français car « mille feuilles » (millefeuille) pour le nom d'une pâtisserie ça va, mais « mille filles », c'est difficile à expliquer !

J Oh, je vois. Et il y a d'autres noms de desserts qui sont un peu étranges ?

F Oui, bien sûr, le « pet-de-nonne » ou la « tête-de-nègre » ne sont pas des noms de pâtisseries très faciles à expliquer par exemple ! Ensuite, il y a certains noms qui varient selon les régions : le « pain au chocolat » devient « chocolatine » à Bordeaux.

J Et nous n'avons pas parlé des macarons ni des cannelés. Ce n'est pas connu ?

F Si, mais nous n'en mangeons pas autant que les pâtisseries ou viennoiseries de « base », privilégiées lorsque l'on apporte le dessert ou le goûter chez la famille ou les amis, tels que les chaussons aux pommes, les croissants ou les pains au chocolat.

日本だと「ミルフィーユ」って言うけど違うの？

日 日本人は「ミルフィーユ」をよく知っているんだけど、フランスのお菓子なんだよね？

フ 何のこと？ ああ、「ミルフォイユ」ね！ うん、フランス人たちは大好きだけど、残念なことに日本人の発音は、この言葉のカタカナ表記による発音に基づいているね。初めてこの語を書き換えた人は「ミルフィーユ」と発音させてしまって、フランス人には誤解を生んでいるんだよね。というのもお菓子の名前として「ミルフォイユ」（たくさんの葉っぱ）っていうのはいいんだけど、「ミルフィーユ」（たくさんの女の子）っていうのは説明しにくいからね！

日 ああ、わかる。ほかにもちょっと変なデザートの名前ってある？

フ うん、もちろんさ。例えば「尼さんのおなら」（ペドノヌ）や「黒人の頭」（テトゥドゥネーグル）というのはあまり簡単に説明できるお菓子の名前じゃないよね！ それに、名前が地方によって変わるものもあるよね。「パン・オ・ショコラ」は、ボルドー地方では「ショコラティーヌ」になるし。

日 マカロンのこともカヌレのことも話してないけど。有名じゃないの？

フ 有名だよ。でも、ショッソン・オ・ポム、クロワッサン、パン・オ・ショコラのような、自分の家族や友達の家にデザートやおやつを持って行くときにお決まりの、「基本的な」お菓子や菓子パンほどは食べないからね。

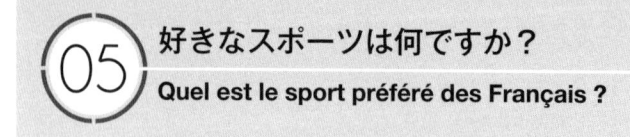

05 好きなスポーツは何ですか？
Quel est le sport préféré des Français ?

Quand on leur demande quel est leur sport préféré, n'importe quel Français aurait tendance à dire : « le football ! » Oui, mais pas seulement !

Les français sont représentés de plus en plus sur la scène internationale depuis la fin des années 90 par des « sports d'équipe ». Le football bien sûr, avec la victoire en coupe du Monde de 1998 et le titre de champion d'Europe en 2000. Mais aussi le handball, avec cinq titres de champions du Monde, trois titres de champion d'Europe et deux titres de champion olympique en 2008 et en 2012. Les basketteurs et les volleyeurs français représentent, eux aussi, fièrement le drapeau tricolore avec deux titres de champion d'Europe en 2013 et en 2015. Les bons résultats de « l'Équipe de France » encouragent et motivent tous les Français à suivre les matchs à la télévision et à prendre une licence dans les sports évoqués ci-dessus.

Les sports individuels ont également la cote auprès des Français : les sports de combats comme le judo ou le karaté, mais aussi de « nouvelles disciplines », telles que le snowboard, ou le biathlon.

Concernant la pratique de tel ou tel sport, l'on se doit de prendre en compte l'aspect « régional ». Un nordiste aura plus tendance à faire du football ou du basket que du surf, alors qu'un natif du Sud-Ouest aimera plus volontiers le rugby que le volleyball.

Enfin, il convient de faire la différence entre sport et loisir. En effet, de nombreux classements placent la pétanque en tant que « sport préféré » des français. Il est vrai que les Français de toutes les régions et de tous les âges adorent y jouer...

何がフランス人の好きなスポーツかと聞かれたら、誰もが「サッカー！」って言うでしょうね。でもそれだけじゃありません！
　フランス人は1990年代の終わりから国際舞台で「チーム競技」によって徐々に有名になりました。サッカーはもちろん1998年のワールドカップと2000年のヨーロッパ選手権での優勝によって。でもハンドボールも世界選手権で5度、ヨーロッパ選手権で3度、2008年と2012年のオリンピックでも優勝しているんですよ。フランス人バスケット選手とバレーボール選手も、それぞれが2013年と2015年のヨーロッパ選手権で2度優勝して、堂々とフランスの三色旗にふさわしい活躍をしています。「フランスチーム」の好成績によって、すべてのフランス人に、テレビで試合を見たり、上に挙げたスポーツでライセンスを取ったりする励みになったり、そうしたいという意欲をかき立てています。
　個人競技もフランス人には人気があります。柔道や空手といった格闘技だけでなく、スノーボードあるいはバイアスロンといった「新しい種目」も。
　あるスポーツを実践するにあたっては、「地方色」を考慮に入れなくてはなりません。北の人はサーフィンよりもサッカーやバスケットをする傾向があるでしょうし、南西出身者はバレーボールよりラグビーをより好むでしょう。
　最後に、スポーツと余暇の楽しみを区別するべきでしょうね。なるほど、多くのランキングにフランス人の「お気に入りスポーツ」としてペタンクが入っています。ペタンクは、確かに地方や年齢を問わず、フランス人が大好きであることは本当なのですが…。

avoir la cote auprès de	〜に評判がいい
tel ou tel	これこれの
natif de	〜の出身者
se devoir de	〜する義務がある
il convient de	〜すべきである

La pétanque est-elle vraiment un sport ?

J Est-il vrai que les Français ne considèrent pas la pétanque comme un sport ?

F Oui, tu sais, c'est plutôt considéré comme un loisir. On peut y jouer de 7 à 77 ans et être un excellent joueur même en pesant plus de 100 kilos ou en ayant plus de 60 ans. Ce n'est pas vraiment l'image que l'on se fait des athlètes.

J Alors ça veut dire que les Français ne considèrent pas le golf comme un sport non plus ?

F En effet, la plupart des Français n'y ont jamais joué et considèrent ce sport comme « réservé à une certaine élite ». Ils ne le regardent pas à la télévision et on ne voit pas d'endroits pour s'entraîner au golf en France, contrairement au Japon.

J Et concernant le cyclisme ?

F Les Français adorent regarder le Tour de France et encourager les coureurs passant dans les villages et les régions de France. D'ailleurs, le cyclisme est l'un des sports dans lesquels la France a remporté le plus de titres aux Jeux Olympiques.

ペタンクは本当にスポーツなの？

日 フランス人がペタンクをスポーツだと思ってないって本当？

フ そう、それはむしろ余暇の楽しみだと思われているね。ペタンクは7歳から77歳まで（子どもからお年よりまで）できるし、体重が100キロあったり年齢が60歳以上であっても素晴らしい選手であることができる。そういうのは、「アスリート」と言われて思い浮かべるイメージではあまりないよね。

日 じゃあ、つまりフランス人はゴルフもスポーツだって思ってないの？

フ 実のところ、大多数のフランス人はゴルフなんてしたことないし、ゴルフを「ある種エリート専用の」スポーツだって思っているんだ。彼らはゴルフをテレビで見ないし、日本と違ってフランスではゴルフを練習する場所なんて見かけないんだから。

日 じゃあ、自転車競技は？

フ フランス人はツール・ド・フランスを見て、フランスの村や地方を通っていく選手を応援するのが大好きなんだ。そもそも、自転車競技は、オリンピックでフランスが最も優勝回数の多い競技のひとつだからね。

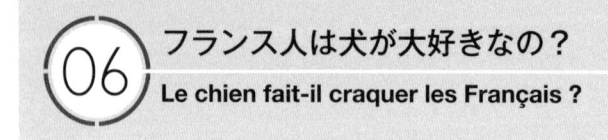

06 フランス人は犬が大好きなの？
Le chien fait-il craquer les Français ?

On peut légitimement avoir une image des Français adorant les chiens, tant les clichés de la « famille modèle » jouant avec le labrador dans le jardin ont été véhiculés pendant des années dans les médias, et notamment dans de nombreuses publicités à la télévision. À ce phénomène, on peut ajouter le fait qu'un grand nombre de présidents de la République française ont également posé avec leur chien sur des photos officielles (la chienne Baltique de François Mitterrand, le bichon maltais Sumo de Jacques Chirac, ou encore la chienne labrador Philae de François Hollande), véhiculant cette image à travers le monde d'un président « humain » et « au cœur tendre ».

Néanmoins certaines études effectuées ces dernières années montrent que de moins en moins de Français choisissent d'avoir un chien. Cela peut sembler étrange, mais ça ne signifie pas que les Français aiment moins les chiens qu'avant, ils sont simplement plus responsables dans leurs décisions. La plupart des personnes interrogées répondent qu'elles ne peuvent avoir de chien en raison de leur mode de vie : « impossibilité de partir en vacances », « difficultés à trouver un appartement », « trop lourdes responsabilités à assumer trop longtemps » etc. L'évolution récente de la courbe démographique peut expliquer ces changements dans les mentalités. La population des plus de 55 ans est appelée à croître dans les années à venir. Mais, cette classe d'âge est une population qui voyage, constituée en grande partie de personnes retraitées, en bonne santé, et disposant d'un pouvoir d'achat confortable. Elle privilégie les loisirs extérieurs et est donc à la recherche d'une grande flexibilité.

Moins de chiens chez les Français, c'est un peu triste, mais ça signifie également moins de crottes dans les rues, et ça c'est peut-être une bonne nouvelle !

フランス人は犬が大好きというイメージは当然あるでしょう。それほど、庭でラブラドールと遊ぶ「模範的な家族」という紋切り型は、何年もメディアで、特に多くのテレビ CM で流通していましたから。この現象に、フランス共和国大統領の多くも自分たちの犬を連れて公式写真に収まっていたことも付け加えることができます（フランソワ・ミッテランはメスのバルティック犬、ジャック・シラクはスモウという名前のマルチーズ、さらにはフランソワ・オランドのフィラエという名前のメスのラブラドール）。こうして「人間味があり」「優しい心を持った」大統領のイメージが世界に流れることになります。

　しかしながら、近年行われたいくつかの調査によって、フランス人はだんだん犬を飼わなくなっていることがわかりました。奇妙に思えるかもしれませんが、これはフランス人が前より犬を好きではないという意味ではなく、単に自分たちの決定により責任を持つようになっているということなのです。質問された大多数の人は、彼らのライフスタイルが理由で犬を飼えないと答えています。「バカンスに出かけられない」「（犬を飼える）アパートが見つからない」「あまりに長期間にわたって果たすには重すぎる責任」などです。人口カーブの最近の変化が、これらのメンタリティーの変化の説明になりえます。55 歳以上のフランス人の人口はここ数年間のうちに増加することがわかっています。しかし、大部分が退職者で構成され、健康で豊かな購買力を持つこの年齢層は、旅行する人々です。彼らは、屋外で過ごす余暇を大事にしているので、時間的な制約にまったく縛られないことを求めています。

　フランス人が犬を飼わなくなっているのは少し悲しいことですが、それはまた、通りに犬のフンが少なくなることを意味します。それはそれでいいニュースなのかもしれませんね！

légitimement	当然に
véhiculer	伝播する
assumer	引き受ける
être appelé à	～するべく定められている
privilégier	特権を与える

Y a-t-il encore beaucoup de crottes de chien dans les rues en France ?

J Les Japonais aiment beaucoup les chiens aussi, mais il y a un point que j'aimerais éclaircir à propos des Français : est-ce que vous ramassez les crottes de vos chiens dans la rue ?

F Oh ! Je vois où tu veux en venir ! La légende des « crottes de chien dans toutes les rues de Paris », c'est bien ça ?

J Oui, mes amis m'ont dit qu'à Paris au début des années 2000, les rues étaient sales et qu'il fallait être vigilant quand on se promenait, sans quoi on risquait de marcher sur une crotte de chien à tous les coins de rue. C'est vrai ?

F Oui, c'est vrai. Paris a longtemps été considérée comme une ville sale en raison des crottes de chien. En plus, ça coûte cher à la ville pour les nettoyer dans les parcs de Paris. Ce n'est pas très bon pour l'image romantique d'une ville touristique comme Paris. Mais c'est en train de changer depuis quelques années.

J Les Français ramassent leurs crottes de chien maintenant ?!

F Aujourd'hui, on risque une amende de 68 euros... Alors, les propriétaires font plus attention.

J Je suis allée à Paris récemment et j'ai trouvé que les rues étaient plutôt propres. La situation est différente à la campagne ?

F Dans mon village natal, on voit encore beaucoup de gens promener leur chien dans la rue et dans les parcs. À tel point que j'ai encore marché dans une crotte en allant à la boulangerie le week-end dernier ! Heureusement, j'ai marché dedans du pied gauche !

J Pardon ?!

F Tu ne savais pas ? Marcher dans une crotte, c'est ennuyeux, mais marcher dedans du pied gauche, ça porte bonheur !

犬のウンチで街が汚いって本当？

日 日本人も犬が好きだけど、フランス人に関してはっきりさせたいことがひとつあるんだ。君たちは通りで自分の犬のウンチを拾うの？

フ ああ！ つまり何が言いたいのかわかるよ！ 「パリの通りすべてに犬のウンチ」の伝説だよね？

日 うん、私の友人たちが言うには、2000年の初めのパリは、通りが汚くて、散歩するときは気をつけていなくては、街の至る所で、犬のウンチを踏んでしまう危険性があったって、本当？

フ うん、そうだよ。パリは犬のウンチのせいで、長い間汚い街だと思われていたんだ。おまけに、パリの公園の犬のウンチを掃除するのは、パリ市にとって高くつくんだ。パリみたいな観光の街のロマンチックなイメージにとって好ましいことではあまりないよね。でもこれは数年前から変わりつつあるんだ。

日 フランス人は今では犬のウンチを拾っているの!?

フ 今日では68ユーロの罰金の危険があるんだよ…だから犬の飼い主は前より注意しているね。

日 私は最近パリに行ったんだけど、街がむしろキレイだと思ったよ。田舎の状況は違うの？

フ 私の生まれ故郷では、まだたくさんの人が、通りや公園で飼い犬を散歩させているのを見かけるね。それで先週末パン屋に行くとき、またウンチを踏んでしまったほどさ！ まあ、幸い左足でそれを踏んだけど！

日 何ですって!?

フ 知らないの？ ウンチを踏むのはイヤなことだけど、左足で踏めば幸せが舞い込むんだよ！

07 フランス人はどうやって挨拶するの？
Comment les Français se saluent-ils ?

En général les Français se saluent en levant ou en se serrant la main, ou encore en hochant la tête. Les formules de salutation les plus employées sont « Bonjour ! », « Salut ! », « Comment vas-tu ? » ou simplement « Ça va ? ».

Autre caractéristique des salutations à la française : la bise, inévitable entre Français ! Dans la plupart des pays anglo-saxons, on se contente d'une accolade, mais en France le contact physique va plus loin. Lorsque deux amis français se croisent pour la première fois de la journée, ils s'embrassent et se font un baiser sur la joue : on dit qu'ils se « font la bise ».

Ce bisou n'en est pas vraiment un, puisque la plupart du temps on imite le bruit d'un baiser avec ses lèvres au moment où les deux joues se touchent ! Cette coutume est néanmoins très révélatrice de l'identité culturelle française car elle concerne les garçons, les filles, les hommes et les femmes de tous âges. En France, il n'est pas rare de voir deux hommes se dire bonjour en se faisant la bise dans la rue. Le nombre de bises et l'ordre dans lequel on les donne (en commençant par la joue droite ou par la joue gauche) varient en fonction des régions.

Dans une situation plus formelle, comme par exemple sur le lieu de travail ou lors d'un entretien, on évite de faire la bise : on garde ses distances et on se contente de se serrer la main.

Hormis les cas où l'on salue son interlocuteur de loin, une salutation à la française implique presque toujours un contact physique.

一般的にフランス人は手を挙げるか、握手するか、あるいは会釈して挨拶します。最もよく使われる挨拶の言葉は「こんにちは！」「やあ！」「どうしてる？」あるいはシンプルに「元気？」です。
　それ以外の「フランス式」の挨拶の特徴ですが、ビズがフランス人の間では欠かせません！　アングロサクソンの大部分の国では、抱き合うだけですが、フランスでは身体的接触がもっと濃いです。２人のフランス人の友人がその日初めてすれ違ったら、抱き合って頬にキスをし合います。これを、彼らは「ビズをする」と言います。
　このビズは本当のキスではありません。というのもたいていの場合、２人の頬が触れ合う瞬間、唇でキスの音を真似するからです！　この習慣はしかしながらフランスの文化的アイデンティティーを大変よく示すものです。なぜならこれを、男の子も女の子も、あらゆる年代の男性も女性もするからです。フランスでは、通りで２人の男性がこんにちはと言いながら、ビズし合っているのを見ることも珍しくありません。ビズの回数とビズする順番（右の頬から始めるか、左の頬から始めるか）は地方によって違います。
　例えば仕事場や面接などの、よりフォーマルな場面では、ビズするのは避け、距離を保ち、握手するだけにしておきます。
　遠くから相手に挨拶する場合を除き、「フランス式」挨拶は、ほぼいつも身体的接触を含むのです。

hocher	うなずく
se contenter de	〜するにとどめる
accolade	抱擁
aller plus loin	先に進む
révélateur de	〜を明かす
hormis	〜を除いて
impliquer	含む

C'est vrai que le nombre de bises varie en fonction des régions ?

J C'est vrai que le nombre de bises varie en fonction des régions ?

F Oui, c'est vrai. Dans la plupart des régions de France on se fait deux bises, mais en Bretagne, par exemple, on ne s'en fait qu'une ! Dans certains département du sud-est de la France (le Gard, l'Hérault etc.) on s'en fait trois alors qu'en Normandie on s'en fait généralement quatre.

J Les Français passent leur temps à s'embrasser, en fait ?

F Oui, par exemple quand tu participes à une soirée, tu dois faire la bise à tous les invités. Si tu arrives le dernier tu dois donc faire une tournée de bises et à chaque fois qu'un nouvel invité arrive, tu dois lui faire la bise également.

J À la fin de la soirée également ?

F Bien sûr ! Quand tu décides de partir, tu dois à nouveau faire la bise à tout le monde avant de pouvoir rentrer chez toi !

J Et s'il y a quelqu'un à qui on n'a pas envie de faire la bise parce qu'on ne l'aime pas ou parce qu'il ne sent pas très bon, comment fait-on ?

F C'est simple, on fait semblant de tousser et on refuse de faire la bise en prétextant ne pas vouloir transmettre son rhume ! Ou on peut faire comme les Japonaises le font si bien en France lorsqu'elles ne veulent pas partager la culture de la bise avec n'importe qui : mettre un masque pour la toux ! Les Français ne sont pas habitués à ce genre de masque. Il les effraie et donc personne n'osera s'approcher de toi pour t'embrasser.

地方によってビズの回数が違うって本当？

日 地方によってビズの回数が違うって本当？

フ うん、本当だよ。フランスの大部分の地方では2回ビズするけど、例えばブルターニュ地方では1回しかしないんだ！　フランスの南東部のいくつかの県（ガール県、エロー県など）では3回、一方ノルマンディー地方では普通4回するよ。

日 フランス人って、抱き合って時間を過ごしてるんじゃないの、実際のところ？

フ うん、そうだね。例えばあるパーティーに参加したら、すべての招待客にビズしなくちゃならないよ。だからもし最後に到着したら、皆にビズして回らなくちゃいけなくて、新しい招待客がやって来る度、その人にもビズしなくちゃいけないんだ。

日 パーティーの終わりも？

フ もちろんさ！　帰ろうと決めたら、また皆にビズしてなくちゃならなくて、そうしてやっと家に帰れるんだ！

日 その人が好きじゃないとか、あまりいい匂いがしないという理由で、ビズしたくない人がいたら、どうするの？

フ 簡単さ、咳するフリをして、風邪をうつしたくないっていう口実でビズを断ればいいんだよ！　それか、誰とでもビズする文化を分かち合いたくないときに、日本人女性が、フランスでよくやっているみたいにできるよ。つまり、咳用のマスクをするんだ！　フランス人はこの手のマスクに慣れてないんだ。だからビビッて、だれも抱き合うために君に近づいてこようとしないよ。

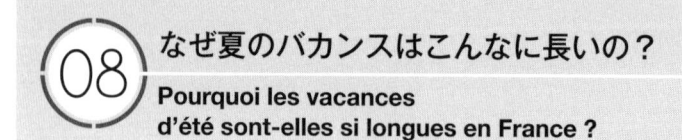

08 なぜ夏のバカンスはこんなに長いの？
Pourquoi les vacances d'été sont-elles si longues en France ?

Les vacances d'été durent généralement deux mois en France. Ce sont les vacances scolaires les plus longues de l'année. À l'origine, au XIXe siècle, les mois de juillet et août correspondant aux moissons, la présence des enfants était nécessaire auprès de leurs parents dans les champs pour les travaux agricoles. Depuis 1936 et les congés payés, la majorité des travailleurs profite de cette période pour partir deux à trois semaines en vacances.

Actuellement, les Français peuvent poser 30 jours de congés en moyenne par an. Ils choisissent donc d'en poser le plus possible de manière groupée, afin de pouvoir bénéficier d'au moins deux semaines de vacances au soleil. En effet, les vacances d'été sont l'occasion de voyager à travers le pays et favorisent le tourisme de masse vers des régions du sud de la France, comme la Provence, la Corse ou les Pays-Basques où l'on peut profiter du soleil au bord de la mer, en bordure de forêt ou à la montagne.

Concernant les écoliers, collégiens et lycéens, neuf semaines de congés estivaux placent la France dans la moyenne haute de l'Union européenne. Cela peut sembler long, mais il faut prendre en compte le temps passé sur les bancs de l'école tout au long de l'année. Alors que de plus en plus de pays tendent à étaler leur calendrier scolaire sur davantage de semaines, la France reste parmi les pays dont la scolarité est la plus concentrée, avec 140 jours d'école au primaire et 178 jours au secondaire, tandis que la moyenne en Europe est respectivement de 186 jours au primaire et de 184 jours au secondaire.

Après avoir autant travaillé de longues journées toute l'année, les écoliers français méritent bien leurs neuf semaines de vacances !

フランスでは、夏のバカンスは普通2カ月続きます。1年のうち最も長い学校の休暇です。もともとは19世紀において、収穫期にあたる7月と8月に、農作業のために子どもが親と一緒に畑にいることが必要だったのです。1936年に有給休暇が制定されて以来、フランスの労働者の大多数が、この期間を利用して2週間から3週間のバカンスに出かけるのです。

　現在、フランス人は年間平均30日の休暇を取ることができます。そこで彼らは少なくとも2週間太陽の下でバカンスが楽しめるように、できるだけまとめて取るようにするのです。実際、夏のバカンスはフランスを旅行する機会になっており、海辺で、森で、あるいは山で、太陽の光を楽しめるプロヴァンスやコルシカ島やバスク地方といったフランスの南の地方に、大挙して旅行することを促しているのです。

　小学生、中学生、高校生に関しては、9週間の夏の休暇があり、フランスはEUの平均よりも長いです。これは長く見えるかもしれませんが、年中学校の席に座って過ごす時間を考慮しなくてはいけません。より長い週にわたって学校の授業カリキュラムを分散させる国が増える傾向がある中で、フランスは、授業が最も密に組まれている国々の中にとどまり続けています。ヨーロッパ平均が小学校で186日、中等教育で184日に対し、フランスはそれぞれ140日と178日なのですから。

　年間こんなに長く日中勉強した後なのですから、フランスの小学生は9週間バカンスを楽しむ権利がちゃんとありますよね！

moisson	収穫期
en moyenne	平均
en bordure de	〜に沿って
étaler	割り振る
respectivement	それぞれ

Partir deux ou trois semaines en vacances, ce n'est pas trop long ?

J Partir deux ou trois semaines en vacances, ce n'est pas trop long ?

F Les vacances, trop longues ?! Jamais de la vie ! Pour les Français, les vacances sont sacrées, car on n'a rien à faire. On se repose, on lit, on fait des promenades ou des pique-niques.

J Les vacances à la japonaise sont courtes, donc on est très actif : on dort à l'hôtel et on va au restaurant tous les jours, au Japon ou à l'étranger. Les vacances coûtent cher pour les Japonais. Pour les Français, est-ce différent ?

F Oui, la façon d'utiliser son argent en vacances est très différente en France. On passe nos vacances majoritairement en France métropolitaine. Beaucoup de Français louent une maison de campagne pas chère à la semaine ou vont au camping. Ils font à manger et ne vont pas tous les jours dîner dehors. Ils visitent les régions où ils séjournent et peuvent passer plusieurs journées à ne rien faire durant leurs vacances, pour se reposer.

J Les Japonais reviennent souvent plus fatigués qu'ils ne l'étaient avant de partir en vacances, tellement leur emploi du temps est chargé et leurs vacances courtes. Qu'en est-il des Français ?

F Les Français ne reviennent pas fatigués de leurs vacances. Ils se sont reposés et n'ont pas pensé du tout à leur travail pendant deux ou trois semaines ! Ils sont cependant tristes...

J Tristes ? Pourquoi ?

F Parce qu'ils savent qu'ils devront attendre un an avant de pouvoir repartir !

2週間も3週間もバカンスに出かけるって長すぎない？

日 2週間も3週間もバカンスに出かけるって長すぎない？

フ バカンスが長すぎるって!?　決してそんなことはないよ！　フランス人にとって、バカンスは神聖なものなんだよ、だって何もしなくていいんだから。休んで、読書して、散歩して、ピクニックするんだ。

日 日本式のバカンスは短いから、とっても忙しいよ。国内か海外で、ホテルに泊まって、毎日レストランで食べるんだ。だから日本人にとってバカンスは高くつくけど、フランス人にとっては違うの？

フ うん。フランスではバカンスでのお金の使い方はとても違うね。主に僕たちはフランス本土でバカンスを過ごすね。多くのフランス人はあまり高くない田舎の家を週単位で借りるか、キャンプに行くんだ。自分でご飯を作って、毎日は外に食べに行かないよ。彼らは地方を訪れ、そこに滞在し、バカンスの間何もせずに何日も過ごして、ゆっくり休むことができるんd。

日 日本人は、バカンスに出かける前より疲れて帰ってくることがよくあるんだ。それほどスケジュールが過密で、バカンスが短いってこと。フランス人はどうなの？

フ フランス人がバカンスから疲れて帰ってくるなんてことはないよ。2、3週間の間休んで、仕事のことはまったく考えなかったんだよ！　でも悲しいんだけどね…。

日 悲しいって？　なんで？

フ だって、またバカンスに出かけるまで1年も待たなきゃいけないってわかっているからさ！

09 フランス人はどうやってクリスマスを祝うの？
Comment les Français fêtent-ils Noël ?

La fête de Noël est très importante pour les Français. La France étant un pays laïque, une majeure partie des Français, même athées, se rassemble dans la célébration de cette fête d'origine chrétienne.

Selon les coutumes familiales, le mode de célébration diffère entre la nuit du réveillon (24 décembre) et la journée de Noël (25 décembre). Le 24 décembre n'étant pas férié en France, la famille se réunit après le travail (les enfants sont en vacances, eux !), autour d'un repas de fête souvent copieux. Le menu peut varier, allant de la traditionnelle dinde de Noël au plateau de fruits de mer, moins conventionnel mais tout aussi délicieux. En revanche, pour le dessert on retrouve à toutes les tables un classique : la bûche de Noël, biscuit à base de génoise recouverte de crème au beurre parfumée au café, au chocolat ou au Grand Marnier.

Après le repas, certains Français se rendent à la messe de Noël, dans l'église la plus proche. D'autres attendent impatiemment les douze coups de minuit pour ouvrir leurs cadeaux au pied du sapin, bien au chaud chez eux.

Quant au 25 décembre, c'est un jour férié en France, ce qui permet à tout le monde de se rendre chez ses proches et de distribuer les cadeaux de Noël tant attendus par les petits et les grands. En effet, un train électrique ravira les enfants, tout autant qu'une bonne bouteille de vin fera plaisir aux adultes !

クリスマスのお祝いはフランス人にとってとても重要です。フランスは政教分離の国ですが、大多数のフランス人は、無神論者でもこのキリスト教起源のお祝いに集まります。

　家庭の慣習によって、お祝いの仕方はクリスマス・イヴ（12月24日）の夜とクリスマス（12月25日）の日中に分かれます。12月24日はフランスでは祝日ではありませんから、家庭での集まりは仕事の後（子どもたちのほうはバカンスの休暇中なんです！）、たっぷりとしたお祝いの食事を囲むことになります。メニューは、クリスマスの伝統的な七面鳥から、あまり伝統的ではないですが、やはりとてもおいしい海の幸の盛り合わせまで、さまざまです。一方、デザートとしてすべてのテーブルに、定番のブッシュ・ド・ノエル、つまりコーヒー、チョコレート、あるいはグラン・マニエの香りのバタークリームがかかったスポンジケーキベースの焼き菓子がのぼります。

　この食事の後、真夜中に家から最も近い教会にクリスマス・ミサに行くフランス人もいます。あるフランス人は、家で暖かくしながら辛抱強く深夜12時の鐘を待ち、もみの木の下にあるプレゼントを開けるのです。

　12月25日は、フランスでは祝日なので、皆、親戚の家に行って、大人も子どもも待ちに待ったクリスマス・プレゼントを配りに行くことができます！実際、電気機関車は子どもたちを大喜びさせ、おいしいワインのボトルは大人たちの気に入ることでしょう！

différer	さまざまである
athée	無神論者
copieux	たっぷりの
conventionnel	慣例上の
à base de	〜を主成分とした
impatiemment	待ちかねて
au chaud	暖かくして
ravir	うっとりさせる

On fait bonne chère à Noël en France ?

J Tous les Français passent Noël en famille ?

F Oui, en général les rues sont désertes dans tous les villages de France le jour de Noël. De nombreux touristes étrangers sont surpris de voir si peu d'activité, même au cœur des grandes villes, lors des fêtes de fin d'année. Pour les Français, passer Noël en famille ou entre amis est plus important que d'aller travailler !

J Et est-ce que vous mangez beaucoup ?

F Oui, énormément ! Noël et plus globalement la deuxième partie du mois de décembre est une période de l'année où les Français bannissent le mot « régime » de leur vocabulaire !

J À ce point-là ?!

F Oui. Le foie gras, le magret de canard et la bûche de Noël sont délicieux, mais très caloriques. De plus, on ne boit pas que de l'eau minérale à table !

J Ah bon ? Les Français ont un alcool préféré pour Noël ?

F Oui, le vin chaud, par exemple, apprécié lors des marchés de Noël pour se réchauffer ou simplement pour le plaisir. C'est sucré, et légèrement épicé, avec de l'orange, de la cannelle, de la cardamome et des clous de girofle, entre autres. Plus généralement, les Français aiment déguster leurs bonnes bouteilles de vin, de champagne ou de digestif pour les occasions spéciales. Or, quel meilleur timing que Noël pour les partager ?

フランスではクリスマスにごちそうを食べるの？

日 フランス人たちはクリスマスを皆家族と過ごすの？

フ うん、普通クリスマスの日は、フランスのすべての村の通りは人気がないよ。多くの外国人旅行者は、大きな町の中心ですら、年末のお祝いなのに、こんなにも活気がないのを見てしばしば驚くね。フランス人にとって家族と、あるいは友人とクリスマスを過ごすことは、仕事に行くより大事なことなんだ！

日 たくさん食べるの？

フ うん、ものすごく！ クリスマス、もっと広げて12月の後半というのは、フランス人が彼らの語彙から「ダイエット」という言葉を追放する1年の時期なんだ！

日 そこまで食べる!?

フ うん。フォワグラ、鴨の胸肉、ブッシュ・ド・ノエルはおいしいけど、とてもカロリーが高い。さらに食卓ではミネラル・ウォーターだけ飲んでるわけじゃないから！

日 そうなの？ フランス人がクリスマスに好んで飲むアルコールってあるの？

フ 例えばホット・ワインだね。マルシェ・ド・ノエルのとき、身体を温めたり、ただおいしいからという理由でとても好まれる。甘くて、ちょっとスパイシーで、オレンジとシナモンとカルダモンとクローブなどが入っているよ。さらによくあることは、フランス人は特別な機会に、ワインやシャンパンや食後酒のおいしいボトルを味わうことが好きなんだ。ところで、クリスマス以上に、それらを分かち合ういい機会があるかい？

10　フランス人はたくさんパンを食べるの？
Les Français mangent-ils beaucoup de pain ?

Les habitudes alimentaires des Français ne cessent d'évoluer. Ils passent ainsi moins de temps à table, mais aussi moins de temps à cuisiner. Alors que la malbouffe a envahi leurs assiettes, le pain reste cependant un aliment indispensable à l'équilibre alimentaire dans le quotidien des Français. Il est consommé au dîner, au déjeuner, au petit déjeuner et au goûter. Bien que sa consommation ait baissé de 60 % depuis les années 1950, le pain est toujours incontournable sur les tables.

Le pain évoque aussi les bons moments à partager. Pour les Français, c'est un grand plaisir de trouver du pain frais sur la table. Il est particulièrement apprécié en accompagnement d'un bon repas, pour déguster un morceau de fromage, ou encore en tartine lors du petit déjeuner. L'absence de pain frais force parfois même les Français à se déplacer uniquement pour aller en acheter.

Mais au fait, où les Français achètent-ils leur pain ? Ils préfèrent acheter le pain artisanal des boulangeries de quartier. Le pain industriel des grandes surfaces n'a pas la cote auprès des Français. Les pains aux graines et céréales sont aussi prisés, mais le pain le plus populaire est la fameuse baguette de tradition. Les consommateurs sont exigeants sur la qualité. La ville de Paris organise chaque année « le concours de la meilleure baguette de Paris » pour améliorer son goût, sa saveur et son odeur en mettant en concurrence les baguettes des boulangers de la capitale. Pour les Français, il est hors de question de manger du pain décongelé qui n'est plus croustillant et qui n'a plus de goût !

フランス人の食習慣は変化し続けています。食卓に座って食事をとる時間が減っているだけでなく、料理をする時間も減っています。有害な食品が食卓を侵略していますが、パンは依然としてフランス人の日常生活において栄養バランスにとってなくてはならない食品です。パンは、夕食に、昼食に、朝食に、間食に食べられています。1950年代からその消費量が60パーセント減ったとはいえ、パンは相変わらず食卓では重要なのです。

　パンはまた、人と分かち合う楽しい時間を思い起こさせます。フランス人にとって、食卓に焼きたてのパンがあることは大きな喜びなのです。とりわけおいしい食事とともに、チーズを味わうために、あるいは朝食のタルティーヌとして、パンは好まれます。焼きたてのパンが家になかったら、フランス人はそれを買うためだけに出かけたりさえするでしょう。

　ところで、フランス人はどこでパンを買うのでしょう？　彼らは近所のパン屋のパン職人が作ったパンを買うことを好みます。スーパーで売っている工場で作られたパンはフランス人に評判がよくありません。種子やシリアル入りのパンも高く評価されていますが、最も人気のあるパンは、あの名高いバゲット・トラディシヨンです。消費者は品質にこだわります。パリのパン屋さんのバゲットを競わせて、その味、風味、香りを向上させようと、毎年パリ市は「パリで最もおいしいバゲットコンクール」を催します。フランス人には、もうパリパリした食感も味気もなくなった解凍されたパンを食べるなんて考えもつかないことなのです！

malbouffe	有害な食品
goûter	おやつ
incontournable	無視できない
prisé	高く評価されている
être exigeant sur	〜にうるさい
saveur	風味
décongelé	解凍された
croustillant	パリパリの

Où peut-on acheter la meilleure baguette de Paris ?

J Le concours de la meilleure baguette de Paris est organisé chaque année par la ville de Paris. Mais quels sont les critères à remplir pour espérer gagner le prix de la meilleure baguette de Paris ?

F L'aspect, la qualité de la mie, la cuisson, le parfum et le goût… Moi, personnellement, j'adore la baguette bien cuite à la croûte dorée.

J Mais j'ai entendu dire que ces dernières années les Français préfèrent une baguette moins cuite et plus blanche… C'est vrai ?

F Oui, c'est vrai. Certains disent que la baguette croustillante risque d'abîmer le palais et qu'elle ne conserve pas longtemps.

J Mais la baguette moins cuite, c'est moins bon !

F Selon un boulanger vedette parisien, il y a d'un côté les acheteurs de baguette artisanale, plus chère mais plus goûteuse et plus cuite, et les amateurs de baguette industrielle, souvent surgelée et produite en usine.

J Une sorte de fracture sociale…?

F C'est probable. En tout cas, on constate que dans les quartiers de gourmets, il se vend moins de baguettes molles.

J Bref, à Paris, les boulangeries où on peut acheter la meilleure baguette de pain, ce sont…

F Les boulangeries qui ont remporté le prix de la meilleure baguette de Paris !

パリで一番おいしいバゲットを買えるのはどこ？

日 毎年、パリの最もおいしいバゲットコンクールがパリ市によって開催されているのよね。パリの最もおいしいバゲット賞を獲得するために満たすべき基準は何なの？

フ 見かけ、パンの質、焼き具合、香り、味…。僕は個人的にはよく焼けた黄金色のバゲットが大好きだね。

日 でも近年、フランス人はあまり焼けていない白っぽいバゲットが好きだと聞いたわ。本当なの？

フ うん、そうだよ。ある人たちはパリパリのバゲットは口蓋を痛める危険があり、長持ちしないと言うね。

日 だけど、焼けていないバゲットはおいしくないわ！

フ パリのスター的なパン屋によると、高いけど、おいしくてよく焼けている手作りのバゲットを買う人たちがいる一方で、しばしば冷凍され、工場で作られるバゲットを好む人たちがいると言うね。

日 一種の社会的断絶…？

フ おそらくね。いずれにせよ、グルメな地区ではやわらかいバゲットはあまり売れないことがわかるね。

日 要するに、パリで最もおいしいバゲットを買えるパン屋は…。

フ パリの最もおいしいバゲット賞を獲得したパン屋だね。

11 フランス人のお気に入りの料理は？
Quels sont les plats favoris des Français ?

Les Français sont considérés comme rois de la gastronomie à l'étranger. Pour eux, le repas est une affaire d'importance. L'adage populaire « il faut manger pour vivre » pourrait bien être inversé. Quand on demande aux Français leur plat préféré, on s'aperçoit que leurs goûts culinaires varient du tout au tout selon les régions et que les spécialités régionales sont solidement ancrées dans leur territoire.

Alors qu'un bon bœuf bourguignon est préféré dans le centre de la France, c'est la légèreté du pavé de saumon grillé qui a les faveurs des Franciliens. Le magret de canard, plat raffiné et corsé s'impose toujours largement au sommet des goûts des habitants du sud-ouest de la France.

Dans le Nord, ce sont les frites qui sont les grandes gagnantes. Elles sont plébiscitées en accompagnement d'un steak ou de moules. Dans l'Ouest, en revanche, la côte de bœuf, le gigot d'agneau et la blanquette de veau sont les plats préférés.

Le gratin dauphinois, parfois fondant, toujours croustillant, est le favori dans le Sud-Est. Les habitants de l'Est préfèrent le couscous et la traditionnelle choucroute.

Ces choix confirment que les plats emblématiques de la cuisine française sont très variés et que les traditions régionales restent définitivement significatives !

フランス人たちは外国で美食の王様だと思われています。彼らにとって食事は重要な事柄です。「生きるために食べなくてはならない」という有名な格言は「食べるために生きなくてはならない」とひっくり返されうるのです。フランス人にお気に入りの料理を尋ねてみたら、彼らの料理の好みが地方によってまったく違うこと、地方の名物料理がその土地に深く根づいていることに気づきます。

おいしいブフ・ブルギニョン（牛のワイン煮）は中央フランスで好まれ、パヴェ・ド・ソーモン・グリエ（サーモングリル）の軽い食感は、イル＝ド＝フランスで好まれます。洗練されコクのあるマグレ・ド・カナール（鴨胸肉）は常にフランス南西部に住む人が最も好む料理として絶大な人気を博しています。

フランス北部で常に勝者となるのはフライドポテトです。ステーキやムール貝の付け合わせとしてみんなが認めています。一方フランス西部では、コト・ド・ブフ（骨付きリブステーキ）、ジゴ・ダニョー（子羊のもも肉の丸焼き）、ブランケット・ド・ヴォー（子牛のクリームシチュー）がお気に入りの料理です。

時にとろけるような、常に表面がカリカリに焼き上げられたグラタン・ドーフィノワは、フランス南東部のお好みです。フランス東部の住民はクスクスと伝統的なシュークルートを好みます。

これらの選び方を見れば、フランス料理の代表的な料理が非常にバリエーションに富んでおり、地方の伝統が明白に現れているのが確認できます！

adage	格言
culinaire	料理の
ancré	定着した
Franciliens	イル＝ド＝フランスの住人
corsé	コクのある
plébiscité	圧倒的に支持される
significatif	はっきり示している

Quels sont les fast-foods préférés des Français ?

J La France est un pays réputé pour sa gastronomie. Vous adorez même parler de nourriture en mangeant.

F Comme on le dit si bien : « Manger pour vivre et non pas vivre pour manger » !

J Mais j'ai entendu que, même en France, il y a maintenant de nombreux restaurants rapides. Les Français ne sont-ils plus attachés à leur tradition gastronomique ?

F Si ! Les repas sont toujours synonymes de réunion et de partage, mais à la coupure de midi, les salariés n'y consacrent plus que 22 minutes en moyenne contre une heure et demie il y a vingt ans.

J Ça vous laisse à peine le temps de grignoter, sans pouvoir bavarder...

F La baisse du temps de la pause déjeuner est probablement une raison de la popularité des fast-foods car les Français n'ont plus le temps de s'asseoir tranquillement au restaurant.

J Mais les enseignes américaines ne dominent pas forcément en France ?

F Heureusement non, les enseignes françaises sont encore bien plus aimées que leurs concurrentes américaines.

J Les enseignes américaines n'ont pas la cote auprès des Français ?

F Non, la sandwicherie Paul arrive largement en tête du classement. Les sandwichs traditionnels de la Brioche Dorée sont eux aussi très populaires. Ce sont des enseignes idéales pour les Français.

フランス人の好きなファストフードは何？

日 フランスは美食の国として知られているわね。実際、あなたたちは食べながら食べ物の話をするのが大好きよね。

フ よく言われるように、生きるのに食べるのであって、食べるために生きるのではないんだ。

日 でもフランスでさえもファストフードのレストランは多いと聞いたわ。フランス人はもう美食の伝統に固執していないのかしら？

フ そんなことはないよ！ 食事と言えば、相変わらずみんなで集まったり、シェアしたりすることだけど、サラリーマンは今や平均 22 分しかお昼休みを取れないんだよ。20 年前は 1 時間半以上あったのとは対照的に。

日 それじゃ、つまみ食いしかできないし、おしゃべりする時間もないわね。

フ お昼休みの時間が減ったこともファストフード人気の理由だろうね。フランス人はもうゆっくりとレストランに座っていられなくなったからね。

日 でも必ずしもアメリカのチェーンが席巻しているわけではないのよね？

フ 幸運なことに、そうじゃない。フランスの店がアメリカの競合店よりも好まれているね。

日 アメリカの店は、フランス人には人気がないの？

フ うん、サンドイッチ店のポールが断トツの 1 位に来ているよ。伝統的なサンドイッチ店のブリオッシュドーレもとても人気がある。これらはフランス人にとって、理想的なお店だね。

12 日本料理はフランスで人気なの？
La cuisine japonaise a-t-elle du succès en France ?

La cuisine japonaise connaît un succès grandissant en France depuis quelques années. Les mots « ramen », « bento », « natto » ou encore « wasabi » sont de plus en plus connus par le grand public français et le nombre de restaurants japonais, à Paris comme dans toutes les grandes villes de France, ne cesse d'augmenter.

La principale raison de ce succès est due à l'image que la cuisine japonaise véhicule autour du monde : « la longévité des Japonais est due à leurs habitudes de vie alimentaire, donc la cuisine japonaise est bonne pour la santé ». Cela explique pourquoi de nombreux Français achètent du tofu, de la sauce de soja et du natto dans les marchés bio spécialisés.

La haute-gastronomie française se tourne elle-aussi de plus en plus vers le Japon. De nombreux grands chefs français ajoutent ainsi des produits japonais à leur carte, comme le bœuf de Kobe ou le zeste de yuzu.

Plus généralement, on peut dire que la cuisine japonaise est entrée dans les mœurs françaises quand on voit que les Français cuisinent désormais des sushis ou des tempura chez eux, pour un dîner en famille ou entre amis.

Cependant, même si l'on désire cuisiner à la maison, la sauce de soja, le wasabi et autres condiments japonais ne se trouvent pas dans n'importe quel supermarché. Force est de constater que la cuisine japonaise coûte encore globalement cher en France.

日本料理は、ここ数年前からフランスで人気が高まっています。「ラーメン」「弁当」「納豆」あるいは「ワサビ」といった言葉はフランスの一般の人たちにも徐々に知られてきており、日本料理レストランの数も、パリでもフランスのすべての大都市でも増え続けています。

　人気の主な理由は、日本料理が世界中に流布する「日本人の長寿は彼らの食生活習慣によるのだから、日本料理は健康によいのだ」というイメージのおかげです。このことが、なぜ数多くのフランス人が、オーガニック専門のマルシェで、豆腐や醤油や納豆を買うのかを物語っています。

　フランスの高級料理も徐々に日本に関心を示しています。こうして数多くの有名フランス人シェフが自分のメニューに、神戸牛や柚子の皮といった日本の食材を加えています。

　今後フランス人が、家族や友人たちとのディナーに、家で寿司や天ぷらを作るようになれば、日本料理がフランスの習慣に入ったと、ざっくりと言うことができます。

　しかしながら、家で料理したいと思っても、醤油やワサビやほかの日本の調味料はどんなスーパーでも手に入るわけではありません。ですから日本料理は、フランスではまだ全体的に高くつくということは認めなければいけません。

longévité	長寿
être dû à	〜による
bio	オーガニックの
zeste	皮
mœurs	風習
condiment	薬味、調味料

On trouve du natto et du konbu made in France ?

J Les Français consomment vraiment du « natto » en France ?

F Oui, il y a même une société qui en fabrique dans le sud-est de la France, à Draguignan. Il s'appelle le « Natto du dragon ».

J Quoi ?! Draguignan ? Le « Natto du dragon » ?! C'est un peu étrange non ?

F Draguignan est une ville située en Provence, près de Nice. Le nom de la ville vient d'une légende impliquant un dragon, d'où le nom de « Natto du dragon ». Les amateurs de ce natto « made in France » se préoccupent de l'importance de la nourriture pour l'équilibre du corps et choisissent cet aliment traditionnel japonais car il ne contient pas de lipides et beaucoup de vitamines.

J Il y a de plus en plus de Français qui font attention à ce qu'ils mangent. Est-ce pour ça que la cuisine japonaise est à la mode en France ?

F Vraisemblablement oui, la mode du « bio » est très influencée par les produits japonais tels que le tofu, le lait de soja, le natto ou encore le konbu (ou kombu) très apprécié en tant qu'algue alimentaire dans la région bretonne.

J Hein ? Il y a aussi du konbu « made in France » ?

F Évidemment, en Bretagne il y a beaucoup de culture d'algues et donc beaucoup d'amateurs de cuisine et de recettes aux algues. Ainsi, les mots konbu, wakame et nori font progressivement leur apparition dans le vocabulaire français.

「メイド・イン・フランス」の昆布もあるの？

日 フランス人は本当にフランスで納豆を食べているの？

フ ええ、フランスの南東部のドラギニャンには納豆を作っている会社まであるんだよ。「ドラゴン納豆」って言うんだよ。

日 何!? ドラギニャン? 「ドラゴン納豆」!? ちょっと変じゃない？

フ ドラギニャンはニースに近いプロヴァンス地方にある町なんだよ。町の名前は、ドラゴンに関わる町の伝説から来ていて、そこから「ドラゴン納豆」の名前がついたんだ。この「メイド・イン・フランス」の納豆の愛好家は、身体のバランスのため食べ物の重要性に心を砕き、この日本の伝統的な食品を選んでいるよ。というのも納豆は脂質を含まず、多くのビタミンを含んでいるからね。

日 自分が食べているものに注意を払うフランス人が増えてきているので、日本料理がフランスで人気なの？

フ そのようだね。「オーガニック」の流行は、豆腐、豆乳、納豆、さらにブルターニュ地方の食用海藻として評価の大変高い、昆布のような日本食の食材にとても影響を受けているよ。

日 えっ!? 「メイド・イン・フランス」の昆布もあるの？

フ そのとおり。ブルターニュ地方では海藻を食べる文化がたくさんあるので、海藻を使った料理とレシピの愛好家も多いんだ。だから「昆布」「ワカメ」「海苔」は、フランスの語彙の中に徐々に現れてきているんだよ。

キーワード①

Siècle des Lumières

「光明の世紀」とは18世紀、政治・社会史的にはルイ14世の没した1715年からフランス革命勃発の1789年の間にヨーロッパで起こった思想運動である。日本語では「啓蒙時代」と訳されるが、「啓蒙」はフランス語の「光明の哲学」philosophie des lumières を表すために用いられたドイツ語の Aufklärung の訳語。哲学者や知識人が、教会や国家といった従来の権威を離れ、理性によって蒙昧主義を克服し、知的な交流によって科学や知識を推進することを目指した。

AOC (appellation d'origine contrôlée)

日本語では「原産地呼称統制」と訳される。製造過程と品質評価基準において、特定の条件を満たしたフランス産の農業製品（ワイン、チーズ、バターなど）に対してのみ付与される認証のこと。

pétanque

ビュット（but）と呼ばれる標的となる球に金属製の球を投げあい、より近づけることによって得点を競うゲーム。相手のボールに当てて妨害したり、味方のボールに当てて加勢したりできる。

Paul et Brioche Dorée

PAUL（ポール）は、個人のパン屋が多いフランスで、チェーン店として急成長し、2014年にはフランス国内で約350店舗を数え、国外にも進出している。日本でも、レアールパスコベーカリーズがワールドフランチャイズとして運営している。また、ブリオッシュドーレは、パリのシャンゼリゼ通り、オペラ座をはじめフランス国内だけでも約300店舗を有する、フランスで最も親しまれているベーカリーカフェ。2015年には日本に初出店した。

地理歴史

第 2 章

Séjours en France

13 パリの魅力は何？
Quels sont les attraits de Paris?

Paris, la Ville lumière, capitale de la France ! Qui n'a jamais rêvé de visiter la plus belle ville du monde ? Paris, en tout cas, est toujours prête à vous accueillir. En effet, il y a tellement de choses à faire et à y voir qu'on a l'embarras du choix. Nous allons donc nous contenter de vous présenter ici quelques attraits de la ville à ne pas manquer.

En ce qui concerne la culture, la ville de Paris possède le musée du Louvre, considéré comme l'un des plus grands musées du monde, qui abrite la célèbre *Joconde (Mona Lisa)* de Léonard de Vinci ! Le Louvre accueille annuellement près de 10 millions de visiteurs qui viennent y admirer les peintures et les œuvres d'art les plus célèbres du monde. Le musée d'Orsay, de son côté, abrite la plus grande collection de peintures impressionnistes et postimpressionnistes au monde.

À Paris, on peut également avoir un aperçu de l'histoire de France en visitant des monuments historiques tels que la Sainte-Chapelle du XIIIe siècle et le château de Versailles, ancienne résidence des rois de France Louis XIV, Louis XV et Louis XVI. Comme attractions mondialement célèbres, on compte également la cathédrale Notre-Dame de Paris, construite au XIIe siècle, et l'Arc de Triomphe dont la construction a été décidée par Napoléon Ier. Paris est, de surcroît, connue pour avoir des repères emblématiques, tels que la Tour Eiffel, premier gratte-ciel de l'Histoire, construite en 1889. En effet, c'est l'ultime symbole de Paris pour les touristes.

Après votre balade, prenez une gorgée de café parisien et goûtez la gastronomie française. Vous comprendrez à nouveau pourquoi la ville de Paris continue à attirer autant de touristes étrangers !

パリは光の都、フランスの首都です。世界で最も美しい街を訪れることを夢見なかった人はいないでしょう。パリのほうも、あなたを迎える準備がいつもできています。実際、パリですべきこと、見るべきものはたくさんあるので、決めるのは難しいほどです。ここでは、パリで見逃すことができない魅力を紹介することだけにとどめておきましょう。

　文化に関しては、パリの街は世界で最も大きな美術館と見なされているルーヴル美術館を有しています。そこにレオナルド・ダヴィンチの有名な「モナリザ」があります！　ルーヴルは世界で最も有名な絵画や芸術作品を見に来る年間１千万人近くの来館者を迎えています。一方、オルセー美術館は世界の印象派、ポスト印象派の最も大きなコレクションを所蔵しています。

　パリでは、13世紀に建てられたサント・シャペル、ルイ14世、ルイ15世、ルイ16世らフランスの王たちのかつての居城であったヴェルサイユ宮殿のような、歴史的建造物を訪れることでフランスの歴史を概観できます。世界的に有名な呼び物をほかに挙げるなら、12世紀に建設されたノートルダム大聖堂、ナポレオン１世が建設を決めた凱旋門でしょう。その上、パリは1889年に建設された最初の歴史的な高層建築、エッフェル塔のようなランドマークがあることでも知られています。それは実際、観光客にとってパリの究極のシンボルです。

　パリを散歩した後は、パリのコーヒーを飲み、フランス料理を味わってください。改めてパリの街がなぜ世界中の旅行者をこんなにも引きつけるのか理解するでしょう。

attrait	魅力
embarras	困惑
abriter	収容する
aperçu	概観
de surcroît	その上
repère	目印
gratte-ciel	摩天楼
gorgée	（飲み物）のひと口

Quelle est la meilleure saison pour visiter Paris ?

J Je veux visiter Paris l'année prochaine. Mais quelle est la meilleure période de l'année pour profiter au mieux de la capitale ?

F Il n'y a pas de saison idéale pour aller à Paris. Chaque saison a son charme avec ses propres événements. Tu peux donc choisir en fonction de tes goûts.

J Mais toi, qu'est-ce que tu ferais si tu étais moi ?

F Pour moi, l'hiver est la période la plus propice pour découvrir Paris.

J Pour quelle raison ?

F D'abord, si on visite Paris en hiver, on peut bénéficier de tarifs très avantageux au niveau des billets d'avion et des chambres d'hôtel. Ensuite, les musées et les monuments historiques se désemplissent de touristes. On n'a pas besoin de faire la queue pendant des heures pour acheter un billet !

J Mais il ne fait pas trop froid ?

F Certes, le temps peut être pluvieux et la température moyenne à Paris en hiver est aux alentours de cinq degrés. Mais, avec des vêtements chauds, ça ne t'empêche pas de sortir ! Si tu veux découvrir Paris au quotidien, c'est absolument en hiver qu'il te faut y aller.

J Même si le temps est souvent triste en décembre, la période de Noël doit être magnifique à Paris !

F C'est l'époque des fêtes de fin d'année ! Les magasins regorgent des produits les plus attirants et les vitrines des magasins et les rues sont très décorées et illuminées. N'oublie pas de visiter le marché de Noël pour te plonger dans l'ambiance !

パリを訪れるのに最もいい季節は？

日 来年パリを訪れてみたいと思っているけど。パリを思う存分楽しめる季節はいつ？

フ パリに行くのに理想的な季節はないね。それぞれの季節に固有のイベントがあって魅力的だよ。だから君の好みに合わせて選べるよ。

日 でも私の立場だったらどうする？

フ 僕にとってパリを発見するのに冬が最も適した季節だよ。

日 どういう理由で？

フ まず冬にパリを訪れると飛行機のチケットやホテルの部屋がとても手頃な値段で手に入るよ。さらに美術館や歴史的建造物も観光客で混雑していることはない。チケットを買うために何時間も並ぶ必要はないよ！

日 でも寒すぎない？

フ 確かに。天気も雨がちで、冬のパリの平均気温は5度くらいだ。でも暖かい服を着ていれば、外に出られないことはないよ！ 日常的なパリを発見したかったら、君が行くべきは絶対に冬だよ！

日 たとえ12月の天気がしばしば陰鬱だとしても、クリスマスの時期のパリはすばらしいでしょうね！

フ 年末のお祝いの時季はね！ お店は魅力的な商品でいっぱいだし、お店のショーウィンドーや通りは飾り付けられ、イルミネーションが輝いている。雰囲気に浸るためにマルシェ・ド・ノエルに行くのも忘れないで！

14 最も訪れる人の多い歴史的建築物は？
Quel est le monument historique le plus visité de France ?

En France, les monuments inscrits au patrimoine mondial ont des caractéristiques particulières qui découlent d'évènements historiques. Le château de Versailles, incontournable pour ceux qui s'intéressent aux moments forts de l'histoire de France et à l'architecture de ces époques, est l'un des monuments les plus visités par les touristes du monde entier.

Ce château est connu comme étant la résidence royale et le centre de la cour pour les familles de la noblesse française entre le début du XVIIe siècle et l'abolition de la royauté en 1792. Il est également riche en souvenirs de la Révolution française.

C'est en 1623 que Louis XIII, charmé par l'endroit, a décidé d'y faire construire un pavillon de chasse. Louis XIV et Louis XV ont ensuite fait progressivement agrandir le château pour pouvoir accueillir une foule de courtisans aux somptueuses fêtes qu'ils y donnaient. Marie-Antoinette y fera construire plus tard le fameux Hameau de la Reine.

Les visiteurs seront sûrement fascinés par la splendeur des grands appartements du Roi et de la Reine conçus par Louis Le Vau, des jardins aménagés par André Le Nôtre, ou encore de la galerie des glaces décorée sous la direction de Charles Le Brun.

Depuis 2008, le Château de Versailles réalise tous les ans une exposition dédiée à un artiste en art contemporain. En 2010, c'est l'artiste japonais Takashi Murakami qui en a été l'invité.

フランスで世界遺産に登録された建築物は、歴史的な出来事から生じた独特な性格を持っています。フランス史の強烈な瞬間とその時代の建築に興味のある人は避けて通れないヴェルサイユ宮殿は、世界中の観光客が最も訪れる建築物のひとつです。

　この宮殿は、17世紀の初めから1792年に王政が廃止されるまでの間の王の居城として、またフランスの貴族のための宮廷の中心として知られています。それはまたフランス革命の記憶にあふれています。

　というのも、ルイ13世がこの地に魅せられ、狩猟小屋を建てることを決めたのは1623年のことでした。ルイ14世とルイ15世が、彼らが行う豪華なパーティーに多くの宮廷人を迎えるために、引き続いて宮殿を建て増ししました。マリー・アントワネットは後に有名な王妃の村里をつくります。

　観光客は、ルイ・ル・ヴォーによって構想された王と王妃の広い住居の壮麗さ、アンドレ・ル・ノートルによって整備された庭園、あるいはシャルル・ル・ブランの指導によって飾り付けられた鏡の間にきっと魅せられることでしょう。

　2008年から、ヴェルサイユ宮殿は現代アートのアーティストを取り上げた美術展を毎年開催しています。2010年には日本のアーティストの村上隆が招待されました。

découler de	〜から生じる
abolition	廃止
courtisan	宮廷人
somptueux	豪華な
hameau	小集落
conçu	構想された
dédié à	〜に捧げられた

Il y a d'autres monuments historiques à visiter que le château de Versailles ?

J Le mont Saint-Michel et sa baie sont classés au patrimoine mondial de l'Unesco depuis 1979.

F Ce site grandiose attire les touristes du monde entier. Il est surnommé « la Merveille ».

J J'imagine que la construction de l'abbaye a été difficile, car le mont Saint-Michel est un rocher.

F Surtout qu'en plus, les moines ont voulu construire l'église abbatiale au sommet ! C'est ainsi que ce monument est devenu le chef d'œuvre du Moyen Âge occidental.

J Beaucoup de pèlerins venaient au mont-Saint-Michel ?

F Oui, c'était avant tout un haut lieu de pèlerinage entre les VIIIe et XVIIIe siècles.

J Comment les gens traversaient-ils la mer ?

F Ils faisaient la traversée à pied quand la marée était basse, car il était très dangereux de traverser en bateau à marée haute. Mais comme les sables étaient mouvants, beaucoup de pèlerins s'enfonçaient dans le sable.

J Mais pourquoi sa baie est-elle aussi inscrite au patrimoine mondial ?

F Parce que, dans sa baie, on peut découvrir le spectacle extraordinaire des plus grandes marées du monde. Elle abrite également une large variété d'oiseaux et une colonie de phoques. C'est pour ça qu'elle est protégée par la Convention de Ramsar depuis 1994.

ヴェルサイユ宮殿以外に訪れるべき歴史的建造物は？

日 モン・サン＝ミッシェルとその湾が、1979年からユネスコの世界遺産に登録されているね。

フ 実際、この巨大なスポットは世界中の観光客を引きつけているね。それは「不思議」と呼ばれているよ。

日 僧院の建設は難しかったでしょうね。だって、モン・サン＝ミッシェルは岩山だからね。

フ そのうえ、僧侶たちは僧院を岩山の頂上に造りたかったからね。このようにしてモン・サン＝ミッシェルは西洋の中世の傑作になったんだ。

日 たくさんの巡礼者がモン・サン＝ミッシェルに来たの？

フ うん、それは何よりも8世紀から18世紀の間、巡礼の聖地だった。

日 人々はどうやって海を渡ったの？

フ 人々は潮が引いたとき歩いて渡ったんd。なぜかというと、満ち潮のとき船で渡るのはとても危険だったから。それでも、砂が動いているので、砂の中に埋もれた人たちがたくさんいたよ。

日 でもどうして周囲の湾も世界遺産に登録されているの？

フ 湾では、世界で最も潮の干満の差が激しいすばらしい光景が見られるからだよ。そこにはさまざまな種類の鳥もいて、アザラシの生息地にもなっているんだ。そのおかげで1994年以来、湾はラムサール条約で保護されているんだよ。

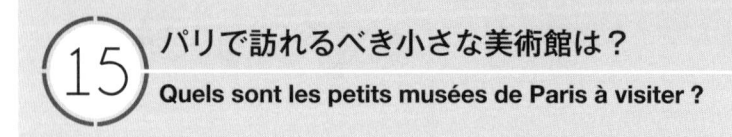

15 パリで訪れるべき小さな美術館は？
Quels sont les petits musées de Paris à visiter ?

À Paris, il y a une centaine de musées et ce ne sont pas forcément de grands musées tels que le musée du Louvre, le musée d'Orsay, le Centre Georges Pompidou ou encore le musée du quai Branly. En effet, il y a aussi de petits musées charmants et fort intéressants : le musée Rodin, le musée Delacroix, le musée Gustave Moreau… Parfois oubliés des parcours touristiques, ces musées n'en recèlent pas moins des trésors de l'art français.

Le musée Rodin abrite des œuvres réalisées par Auguste Rodin jusqu'à sa mort en 1917, dont la plus célèbre est bien sûr *Le Penseur*. On y trouve également des œuvres de Camille Claudel qui était la disciple et l'amante de l'artiste. Après une restauration, le musée Rodin a rouvert ses portes en 2015.

Le musée Delacroix se situe à deux pas de Saint-Germain-des-Prés. Il occupe l'ancien atelier du peintre romantique Eugène Delacroix dont l'œuvre la plus connue est *La Liberté guidant le peuple*, exposée au musée du Louvre. Le musée Delacroix abrite un des rares autoportraits du peintre.

Le musée Gustave Moreau est également l'ancien atelier du peintre. Il l'avait lui-même transformé en musée afin d'y abriter pour la postérité l'ensemble de son œuvre. Ce musée permet de pénétrer dans l'univers mystérieux de ce peintre. Dans les peintures exposées, marquées en particulier par l'empreinte des chefs d'œuvre italiens et le romantisme, on trouve de nombreuses scènes avec des thèmes surréels et puisés dans la Bible et les mythes de l'Antiquité.

パリにはおよそ100の美術館があり、それは必ずしも、ルーヴル美術館、オルセー美術館、ポンピドゥー・センター、さらにはケ・ブランリー美術館のような、大きな美術館ではありません。実際、魅力的でとても興味深い小さな美術館もあります。ロダン美術館、ドラクロワ美術館ギュスターヴ・モロー美術館…これらの美術館は、時々観光ルートから外れていますが、それでもなおフランスの芸術作品の宝を隠し持ってるのです。

　ロダン美術館には、オーギュスト・ロダンが1917年に亡くなるまで制作した芸術作品が所蔵されています。もちろん、彼の最も有名な作品は「考える人」ですね。そこにはまた彼の弟子であり、愛人であったカミーユ・クローデルの作品もあります。ロダン美術館は修復された後、2015年に再開館しました。

　ドラクロワ美術館は、サン＝ジェルマン＝デ＝プレのすぐ近くにあります。それはロマン主義の画家ウジェーヌ・ドラクロワのかつてのアトリエを利用しています。ドラクロワといえば、ルーヴル美術館にある「民衆を導く自由の女神」が有名ですね。ドラクロワ美術館は珍しい画家の自画像のひとつを所蔵しています。

　ギュスターヴ・モロー美術館も同様に画家のかつてのアトリエです。モロー自身がアトリエを美術館に変え、彼の作品のすべてを後世の人々に残したのでした。この美術館に行けば、この画家の神秘的な宇宙に入っていくことができます。とりわけイタリア絵画とロマン主義の刻印を受けた展示された絵画には、超現実的なテーマを持ち、また聖書と古代の神話から題材を得た、数多くの場面が見つかります。

parcours	コース
receler	隠し持つ
disciple	弟子
restauration	修復
à deux pas de	〜の目と鼻の先に
postérité	後世
empreinte	刻印
surréel	超現実的な

Quels sont les musées à visiter en famille ?

J J'aimerais bien amener mes enfants au musée à Paris. Il n'y a pas d'âge pour se cultiver et apprendre de nouvelles choses ! Y a-t-il des musées qui intéresseront les enfants ?

F En effet, les musées qui intéressent les adultes ne sont pas forcément adaptés aux enfants. Ce n'est pas toujours évident de bien choisir le musée qui leur plaira…

J Je pensais aux musées ayant des thématiques abordables tels que les musées d'histoire naturelle.

F C'est une bonne idée ! On peut y aborder la thématique de l'environnement dans notre vie sur Terre. En fait, il y a beaucoup de musées qui sont adaptés aux enfants un peu partout en France.

J Surtout dans un haut lieu de la culture comme Paris j'imagine !

F Au Muséum national d'Histoire naturelle de Paris, il y a la Galerie des enfants qui est spécialement conçue pour les familles. On peut y aborder les problèmes environnementaux et la biodiversité à travers des activités ludiques.

J À propos, en France, les musées proposent-ils des tarifs réduits pour les enfants ?

F Bien sûr que oui ! Il y a même des cartes spéciales qui peuvent leur permettre de visiter plusieurs musées à des prix attractifs. Ces cartes leur évitent aussi les files d'attente. C'est génial, non ?

家族で訪れるべき博物館は？

日 パリで子どもを美術館に連れて行きたいんだけど。教養を深め、新しいことを学ぶことには年齢は関係ないからね。子どもが興味を持ちそうな美術館はある？

フ 実際、大人が興味を持つ美術館が必ずしも子どもに適しているとは限らないね。子どもが喜ぶ美術館をうまく選ぶことは必ずしも簡単なことじゃないね…。

日 私は、自然史博物館のような手ごろなテーマを持っている博物館を考えているんだけど。

フ それはいい考えだね。そこでは、僕たちの地球上の生活の中の環境のテーマに取り組むことができるよ。実際、フランス中に子どもに合わせたたくさんの博物館があるよ。

日 特に文化の聖地であるパリではそうでしょうね。

フ 知ってる？　パリの自然史博物館に、家族向けに特別に構想された子どもギャラリーがあるのを？　そこではゲームをしながら、環境問題や生物的多様性にアプローチできるよ。

日 ところで、フランスの博物館には子ども料金があるの？

フ もちろんあるよ。子どもがお得な値段で何回も入場できる特別なカードもあるよ。カードがあれば長い列に並ぶこともないよ。すごくない？

16 地方で訪れるべき美術館は？
Quels sont les musées régionaux à visiter en France?

À Paris, beaucoup de touristes Français et étrangers visitent le musée du Louvre. Le Louvre était un château fort au Moyen Âge et une résidence royale à la Renaissance. C'est en 1793 qu'il a officiellement ouvert ses portes au public en tant que musée.

Mais savez-vous qu'une antenne du célèbre musée parisien a été créée en 2012 à Lens ? La création de cette antenne a été une excellente occasion de décentraliser la culture, tout en revitalisant cette ancienne ville minière de 35 000 habitants où le chômage touchait 16 % de la population. Ce nouveau Louvre est donc le symbole d'une renaissance attendue par les Lensois. Toutefois ce musée est plus qu'une simple annexe. Le Louvre-Lens renforce la vocation nationale du Louvre en présentant par rotations des chefs-d'œuvre venus du Louvre parisien.

Constitué d'un magnifique bâtiment de verre et de lumière très contemporain ouvrant sur un parc paysager de 20 hectares, il a été conçu par le cabinet d'architecte SANAA des japonais Kazuyo Sejima et Ryue Nishizawa.

Mais la ville de Lens a d'autres atouts. Elle est située de manière idéale pour attirer les touristes : au carrefour de l'Europe, la ville est proche de la Belgique, du sud de l'Angleterre, ainsi que de l'Allemagne. Elle est de plus desservie par TGV depuis Paris.

On dit que l'implantation du Louvre-Lens a joué également dans le classement du Bassin minier du Nord-Pas de Calais au patrimoine de l'Unesco.

パリでは多くのフランス人観光客と外国人観光客がルーヴル美術館を訪れます。ルーヴル宮は中世の時代には城塞で、ルネサンスの時代には王の居城でした。それが美術館として公に門戸を開いたのは 1793 年のことでした。
　ところで、2012 年にこの有名なパリの美術館の分館がランスにできたのを知っていますか？　この分館の建築は、失業率が 16％に達する人口 35,000 人のかつての炭鉱の町を再び活性化させながら文化を地方に分散させるすばらしい機会だったのです。この新しいルーヴル美術館はそれゆえ、ランスの人々が期待する再生のシンボルです。しかしながら、この美術館は単なる分館以上のものです。ルーヴル・ランスはパリのルーヴルから来る傑作を順番に展示しながら、ルーヴルの国内における使命を強化しています。
　20 ヘクタールの自然公園に面し、とても現代的な、ガラスと光のすばらしい建築から成るルーヴル・ランスは、妹島和世と西沢立衛という日本人建築家ユニット SANAA によって構想されました。
　しかし、ランスの町にはほかの切り札もあります。それは観光客を引きつけるのに理想的な位置にあります。ヨーロッパの交差点にあり、ベルギーとイギリスの南部とドイツにも近く、さらには TGV でパリともつながっています。
　ルーヴル・ランスの導入はノール＝パ・ド・カレーの鉱業盆地の世界遺産登録にも一役買ったと言われています。

antenne	支部
décentraliser	地方に分散させる
revitaliser	生き返らせる
annexe	別館
vocation	使命
atout	切り札
desservir	通じる
bassin	盆地

Pourquoi le musée du Louvre va-t-il ouvrir une autre antenne à Abu Dhabi ?

J Le musée du Louvre a déjà ouvert fin 2012 une antenne à Lens. Quels étaient les objectifs du Louvre-Lens ?

F Lens était l'une des villes les plus pauvres de France. Le taux de chômage y était très élevé, et les habitants s'éloignaient plutôt de la culture. L'implantation du musée avait donc pour objectif de redynamiser ce territoire et d'offrir un accès à la culture pour tous.

J Le pari a-t-il été gagnant ?

F Oui ! Le Louvre-Lens est devenu l'un des musées les plus fréquentés avec des retombées économiques importantes pour la région grâce au tourisme !

J Mais pourquoi a-t-il eu tant de succès ?

F C'est en grande partie grâce à la qualité des œuvres exposées car le musée a présenté des chefs-d'œuvre de Raphaël, Botticelli, Delacroix, etc.

J J'ai vu *La Liberté guidant le peuple* de Delacroix au musée du Louvre à Paris ! Quel est le profil des visiteurs du musée de Lens ?

F Près de la moitié des visiteurs vient de la région et presque un quart de l'étranger, notamment de Belgique, mais il y a de plus en plus des visiteurs japonais et chinois.

J Pourquoi le musée du Louvre va ouvrir une autre antenne à Abu Dhabi ?

F Son but, est de favoriser un échange des cultures, de rehausser le prestige de la culture française et de renforcer les finances du Louvre. Le Louvre Abu Dhabi sera le premier musée universel créé au Moyen-Orient !

なぜアブダビにもルーヴル美術館を作るの？

日 ルーヴル美術館は 2012 年末にすでにランスに分館をオープンしているね。ルーヴル・ランスの目的は何だったの？

フ ランスはフランスで最も貧しい町のひとつで、失業率がとても高く、住民たちはどちらかというと文化から遠ざけられていた。だから、美術館を設置することには、この土地を再活性化し、みんなに文化へのアクセスを提供するという目的があったんだ。

日 賭けは成功したの？

フ うん！ ルーヴル・ランスは最も入場者の多い美術館のひとつになり、観光のおかげで、この地方に大きな経済的恩恵をもたらしたよ。

日 でもなぜそんなに成功したの？

フ 大部分は展示された作品の質のおかげだよ。美術館はラファエロ、ボッティチェリ、ドラクロワなどの傑作を展示したからね。

日 私はパリのルーヴル美術館でドラクロワの「民衆を導く自由の女神」を見たわ。ところで、どんな人が美術館を訪れているの？

フ 入場者の約半分は地元から来ていて、約4分の1は外国からで、特にベルギーからだけど、日本と中国からもだんだんと増えているよ。

日 なぜアブダビにもルーヴル美術館を作るの？

フ 目的は文化交流の促進と、フランス文化の威光を高めること、ルーヴル美術館の財政を強化することだよ。事実、ルーヴル・アブダビは中東に作られた初めての世界的な美術館になるだろうね。

17 北と南で気候の違いはあるの？
En France, y a-t-il des différences climatiques entre le Nord et le Sud ?

Comme l'ensemble du territoire métropolitain appartient à la zone tempérée, la France bénéficie d'une pluviométrie répartie tout au long de l'année et de températures relativement douces. Ces caractéristiques sont principalement dues aux vents venus de l'Atlantique.

Toutefois les régions connaissent des climats variant selon leur latitude, leur altitude et la proximité ou non de la mer. On peut distinguer 4 grands types de climats : le climat océanique, le climat continental, le climat de montagne et le climat méditerranéen.

Le climat océanique est marqué par des températures douces et une pluviométrie relativement élevée. Les étés sont généralement frais et les hivers doux. Le climat océanique est typiquement celui des côtes de la Bretagne et de la basse Normandie.

Le climat continental bénéficie d'une légère influence océanique. Les étés sont donc assez chauds et les hivers sont plus sévères que ceux du climat océanique. Sous ce climat, il se rencontre de fortes amplitudes thermiques d'une saison à l'autre, comme c'est le cas à Strasbourg, en Alsace. L'hiver est rude, il y a régulièrement de la neige, du verglas ou encore des périodes de gel.

Dans les régions au climat de montagne, la température décroît rapidement en fonction de l'altitude et les pluies sont nombreuses. L'hiver est long et très froid avec le record de froid français qui est -41 °C dans le Jura à 1 000 m d'altitude. Il est caractérisé par des chutes de neige abondantes. En été, il fait frais, souvent avec de violents orages.

Le climat méditerranéen est caractérisé par des hivers doux et humides et des étés chauds et secs avec un fort ensoleillement. Ce climat est observé dans le Sud-Est.

国土の全体が温帯に属しているので、フランスは 1 年を通して適度な雨に恵まれ、また比較的温暖です。これらの特徴は主に大西洋から吹く風によるものです。

　しかしながら、フランスの地方は緯度と標高、また海からの距離にしたがって気候に多様性があり、4 つの大きな気候のタイプに区分できます。西岸海洋性気候、大陸性気候、山岳気候、地中海性気候です。

　西岸海洋性気候は穏やかな気温と比較的多い降水量に特徴があります。夏は一般的に涼しく、冬は温暖です。西海岸洋性気候は、ブルターニュとバス＝ノルマンディーの沿岸の典型的な気候です。

　大陸性気候は大西洋の影響をあまり受けません。それゆえ夏はかなり暑く、冬は西岸海洋性気候よりも厳しいです。この気候のもとでは、アルザスのストラスブールのように、季節によって気温差が激しくなります。冬は厳しく、いつも雪が降り、路面が凍結したり、さらには氷点下が続く時期もあります。

　山岳気候に属する地方は、標高に比例して気温が急激に下がり、降水量も多くなります。冬は長く、標高 1,000 メートルのジュラ山脈でマイナス 41 度を記録したように、とても寒くなります。雪が多いという特徴もあります。夏は涼しいけれど、しばしば激しい雷雨が降ります。

　地中海性気候は温暖で湿度の高い冬、日差しが強い暑くて乾燥した夏という特徴があります。この気候はフランスの南東部に見られます。

pluviométrie	降水量測定
latitude	緯度
altitude	標高
proximité	近さ
amplitude	気温差
verglas	雨氷
décroître	減少する
ensoleillement	日当たり

En France, où peut-on rencontrer des cigales ?

J Les cigales chantent-elles partout en France comme au Japon ?

F En France, les cigales sont un symbole du Sud. Mais de nos jours, la cigale ne chante plus seulement dans le Midi.

J Qu'est-ce que ça veut dire ?

F On observe de plus en plus de cigales dans des régions où on ne les entendait pas avant. On en trouve même en Alsace. Certains disent que cela fait depuis plus de cent ans que l'on sait qu'il existe des cigales dans ces régions, mais apparemment, de plus en plus de cigales remontent vers le nord.

J Dans quelles conditions les cigales chantent-elles ?

F C'est la chaleur qui les fait chanter car le chant de la cigale n'est pas une question de soleil, c'est une question de température. La cigale chante dès qu'il fait plus de vingt-cinq degrés.

J La cause de leur remontée vers le nord est liée au réchauffement climatique ?

F Ça semble être l'explication la plus plausible. En fait, on peut observer des cigales même en Île-de-France.

J Peut-on dire qu'elles sont complètement implantées dans le nord ?

F Il est trop tôt pour l'affirmer. Pour l'instant, elles ne sont pas aussi nombreuses qu'en Provence. Mais si le printemps est chaud, alors les cigales du nord commenceront probablement elles aussi à chanter plus tôt.

セミはフランスのどこで見られるの？

日 日本みたいに、フランス中でセミは鳴いている？

フ フランスでは、セミは南のシンボルだね。でも今ではもう南仏で鳴くだけじゃない。

日 どういうこと？

フ 以前は聞かれなかった地域でセミがだんだんと鳴いているんだ。アルザスにさえいるんだよ。100年以上前からこれらの地域にセミがいることがわかっていると言う人もいるけど、明らかにより多くのセミが北上しているね。

日 どんな条件でセミは鳴くの？

フ 暑くなるとセミは鳴くんだ。セミが鳴くのは日光の問題ではなくて、気温の問題だからね。25度以上になるとセミは鳴くんだ。

日 セミの北上の原因は地球温暖化と関係があるの？

フ それが最も納得できる説明に思えるね。実際、イル＝ド＝フランスでもセミが見られるね。

日 セミはもう北に住み着いてしまったのかな？

フ それを言うには時期早尚だね。今のところ、プロヴァンスほど数が多くないから。でも春が暖かければ、北のセミもおそらく早く鳴き始めるだろうね。

18 ブルゴーニュとボルドーワインの違いは何？

Quelle est la différence entre le vin de Bourgogne et le vin de Bordeaux ?

Du point de vue des œnologues et des consommateurs, il y a une concurrence entre les régions de Bordeaux et de Bourgogne. Il s'agit des deux plus prestigieuses régions dans le monde du vin ; deux régions très différentes produisant deux types de vins très différents.

Par exemple, les Japonais aiment bien le pinot noir, qui est le cépage emblématique des vins rouges de Bourgogne. Il les séduit probablement plus que les cépages cabernet sauvignon et le merlot, qui dominent dans le vin de Bordeaux. S'oppose donc ici l'élégance du terroir bourguignon à la puissance et au raffinement bordelais.

Le Bourgogne est proche de sa culture agricole sans prétention, alors que le Bordeaux représente plutôt le monde de l'entreprise, du marketing et du luxe clinquant. En Bourgogne, le vin reste le vin ; dans le Bordelais, le vin n'est plus qu'un business ces dernières années.

Le Bordelais, grâce notamment à la cité portuaire de Bordeaux, a toujours été la plus commerciale des régions viticoles de France, mais ces dernières années le « business du vin » des Bordelais est de plus en plus démesuré. Dans les années 90, on a observé une demande record pour les vins les plus recherchés, et leurs prix sont montés en flèche, apportant par là-même un flot d'investisseurs. Pour ces hommes d'affaires, le vin est malheureusement plus un produit qu'une boisson ; plus une source de revenu qu'une source de plaisir.

En Bourgogne, on ne parle jamais de « millésime du siècle » pour exhiber un trophée et faire monter les prix de ses vins. La plupart des propriétaires de vignoble s'occupent encore eux-mêmes de la vinification et le romantisme lié à l'amour du vin est encore empreint d'humilité et d'amour du terroir.

ワイン醸造家と消費者から見ると、ボルドーとブルゴーニュの２つの地方の間には競争があります。問題になっているのは、ワインの世界で最も名高い２つの地方で、とても異なる２つの地方がとても異なる２つのタイプのワインを生産しています。

　例えば日本人はピノ・ノワールがとても好きですが、これはブルゴーニュの赤ワインの象徴的な品種です。おそらくボルドーワインおいて圧倒的に多く使われているカベルネ・ソーヴィニヨンとメルローの品種よりも日本人にとって魅力的なのでしょう。ここで対照的なのは、ブルゴーニュの土地の優美さと、ボルドーの力強さと洗練です。

　ブルゴーニュワインは飾り気のないその農業文化と似ていて、一方のボルドーワインはむしろ企業、マーケティング、まばゆい高級品の世界を代表しています。ブルゴーニュでは、ワインはワインのままですが、ボルドーでは近年、ワインはもはやビジネスでしかありません。

　ボルドー人は、特にボルドーの港町のおかげで、フランスのブドウを栽培する地方の中で常に最も商業化されていましたが、近年ボルドーの人々の「ワインビジネス」は徐々にエスカレートしています。1990年代には、最も高価なワインに記録的な需要があり、それらの値段は跳ね上がり、投資家たちが大挙して押し寄せました。これらのビジネスマンたちにとって、ワインは不幸にも飲み物である以上に商品なのです。つまり喜びの源ではなく収入の源なのです。

　ブルゴーニュ地方では、トロフィーを見せびらかし、自分たちのワインの値をつり上げるために「世紀のミレジム（生産年）」の話なんて決してしません。ワイン畑の所有者の大部分は、いまだに彼ら自身で醸造に従事しており、ワインへの愛に結びついたロマンチシズムには、いまだに土地への深い敬意と愛が刻みこまれています。

œnologue	ワイン醸造家
cépage	ブドウの品種
sans prétention	気取らない
démesuré	度を越した
monter en flèche	急上昇する
exhiber	見せびらかす
vinification	ワイン醸造法
humilité	謙虚

> **Qu'est-ce qu'on mange avec un vin de Bordeaux et avec un vin de Bourgogne ?**

J Quels adjectifs caractérisent le mieux les vins de Bourgogne et du Bordelais ?

F Uhm…c'est une question difficile. Je dirais « simple et vrai » pour le Bourgogne et « fier et fort » pour le Bordeaux. Mais c'est un avis personnel !

J Les deux régions sont si différentes que ça ?

F La Bourgogne est une région de terroir, située au beau milieu de la France. C'est une terre d'élevage et de vignoble, avec un relief varié allant des plaines verdoyantes des pays de la Saône aux plateaux bourguignons un peu plus vallonnés, en passant par le Morvan, massif ancien forestier, classé parc naturel régional. À l'inverse, Bordeaux, en tant que chef-lieu du département de la Gironde, est une grande ville portuaire, ouverte sur l'océan Atlantique, où l'on exporte le vin bordelais partout dans le monde depuis le XVIIIe siècle, grâce à l'aide de grandes familles de négociants anglais, flamands, allemands ou russes, comme les Mouton Rothschild ou les Léoville Barton.

J Qu'est-ce qu'on mange avec les vins de ces deux régions respectives ?

F Les vins rouges de Bordeaux vont très bien avec une entrecôte à la bordelaise (sauce au vin rouge) ou bien de la lamproie à la bordelaise. Les vins rouges de Bourgogne, eux, se marient très bien avec un bœuf bourguignon ou un coq-au-vin, et un vin blanc typique de la Bourgogne tel que le chablis accompagnera parfaitement des escargots à la bourguignonne.

ボルドー、ブルゴーニュワインと合う料理は？

日 ブルゴーニュとボルドーのワインの性質を最もよく表す形容詞って何かな？

フ うーん…難しい質問だね。ブルゴーニュは「シンプルで本物」、ボルドーは「誇り高く力強い」かな。でもこれは個人的意見だから！

日 この2つの地方はそんなにも違うんだね？

フ ブルゴーニュ地方はフランスのど真ん中に位置するワイン産地のひとつなんだ。牧畜とブドウ栽培の盛んな土地で、ソーヌ川の村々の緑の平野から少しより起伏の多いブルゴーニュの高原（台地）まで、また地方の自然公園に指定される、森深い古い山塊のモルヴァン地方まで、変化に富む起伏を持っているんだ。それとは逆にジロンド県の県庁所在地としてのボルドーは大西洋に面した大きな港町で、ムートン・ロートシルトやレオヴィル・バルトンのようなイギリス、フランドル、ドイツ、ロシアのワインの仲買人の名門一族の援助のおかげで、18世紀以来世界中にボルドーのワインを輸出しているんだ。

日 これらの2つの地方のワインと一緒に食べるのはそれぞれ何かな？

フ そうだね、ボルドーの赤ワインは、ボルドー風（赤ワインソース）リブロースかボルドー風ヤツメウナギと合うね。ブルゴーニュの赤ワインのほうは、ブフ・ブルギニョンか若鶏の赤ワイン煮込みと大変相性がいいし、シャブリのようなブルゴーニュの典型的白ワインは、ブルゴーニュ風エスカルゴと一緒に飲むと完璧だね。

19 ロワール川沿いに城が多いのはなぜ？
Pourquoi y a-t-il tant de châteaux dans le val de Loire ?

Le nombre global des châteaux de la Loire est estimé à près de 3 000.

Le château de Chambord est probablement le plus célèbre des châteaux de la Renaissance. Il a été construit en 1519 à la demande de François Ier. Le château de Blois était l'une des résidences de François Ier. Le château d'Amboise abrite le tombeau de Léonard de Vinci qui séjournait au Château du Clos Lucé à l'invitation de François Ier. Le château de Chenonceau est quant à lui surnommé « le château des Dames ». Il a été bâti en 1513 par Katherine Briçonnet, embelli par Diane de Poitiers et agrandi sous Catherine de Médicis. Il incarne la beauté unique de l'architecture de la Renaissance.

Mais il y a encore beaucoup d'autres châteaux qui nous racontent l'Histoire de France. En effet, pour mieux comprendre les raisons qui ont amené à la construction de tant de châteaux le long de la Loire, il faut remonter au temps de la guerre de Cent Ans.

La guerre de Cent Ans commence en 1337 lorsque le roi d'Angleterre réclame la couronne de France. Le duc de Bedford, chef des armées anglaises, s'empare de la ville d'Orléans et menace d'assiéger Bourges. Charles VII s'enfuit pour trouver refuge au château de Chinon où il peut compter sur le soutien des Armagnacs. Cette retraite du roi Charles VII en Touraine entraîne l'établissement de la famille royale sur les bords de la Loire.

Depuis 2000, le Val de Loire est inscrit au Patrimoine mondial de l'Unesco.

ロワール川の城の全体の数は 3,000 近くあると言われています。
　シャンボール城はおそらくルネサンスの城の中でも最も有名でしょう。それはフランソワ 1 世の要請によって 1519 年に建てられました。ブロワ城はフランソワ 1 世の居城のひとつでした。アンボワーズ城にはフランソワ 1 世の招きでクロ・リュセ城に滞在したレオナルド・ダヴィンチの墓があります。シュノンソー城に関して言えば、「貴婦人たちの城」と呼ばれています。それは 1513 年にカトリーヌ・ブリソネによって建てられ、ディアーヌ・ド・ポワチエによって美しくされ、そしてカトリーヌ・ド・メディシスによって拡張されました。それはルネサンス建築独特の美しさを体現しています。
　しかし、私たちにフランスの歴史を物語る城がほかにもたくさんあります。実際、ロワール川に沿ってこれだけの城が建てられた理由を理解するには、百年戦争にまでさかのぼらなければなりません。
　百年戦争はイングランドの王がフランス王の座を要求する 1337 年に始まります。イングランド軍を率いたベッドフォード公はオルレアンの町を占領し、今にもブールジュを包囲しそうです。シャルル 7 世は逃亡し、アルマニャックの人々の支援を当てにしてシノン城に避難します。このようにシャルル 7 世がトゥーレーヌに撤退したことが、ロワール川沿いに王家が居を構える原因になったのでした。
　2000 年から、ロワール渓谷はユネスコの世界遺産に登録されています。

surnommer	あだなをつける
embellir	美しくする
couronne	王冠
s'emparer	占領する
menacer	今にも〜しそうだ
assiéger	包囲する
entraîner	引き起こす

Pourquoi la tombe de Léonard de Vinci se trouve-t-elle en France ?

J Pourquoi Léonard de Vinci, artiste emblématique de la Renaissance a-t-il quitté l'Italie et vécu en France ses dernières années ?

F C'est le roi François Ier qui l'a invité.

J Pourquoi a-t-il décidé d'accepter l'invitation du roi ?

F C'est parce que François Ier, grand mécène, manifestait une véritable affection pour lui et l'appelait « mon père ». Il lui a même accordé une pension de mille écus par an.

J Il a traversé les Alpes tout seul ?

F Non, il a traversé les Alpes avec certains de ses disciples et son fidèle serviteur. Il s'est ainsi installé au château du Clos Lucé, non loin du château royal d'Amboise.

J Qu'est-ce qu'il a apporté d'Italie ?

F Il a apporté de Rome trois de ses chefs-d'œuvre : *La Joconde*, *La Vierge, l'Enfant Jésus et sainte Anne* et *le Saint Jean-Baptiste*. Ils sont aujourd'hui conservés au Musée du Louvre.

J Comment est-il mort ?

F Léonard de Vinci s'est éteint dans sa chambre du Château du Clos Lucé le 2 mai 1519. Selon la légende, Léonard de Vinci serait mort dans les bras de François Ier, comme le dépeint un tableau d'Ingres. En fait, c'est peu probable, mais c'est un épisode qui montre bien le lien exceptionnel entre François Ier et Léonard de Vinci. Il a été inhumé selon ses vœux dans l'enceinte du château royal. Le Château du Clos Lucé célèbrera de 2016 à 2019 le 500e anniversaire de son installation dans sa dernière demeure.

なぜダヴィンチの墓がフランスにあるの？

日 なぜルネサンスの象徴的な芸術家、レオナルド・ダヴィンチは晩年、イタリアを離れてフランスに住んだの？

フ フランソワ1世が彼を招いたんだよ。

日 なぜダヴィンチは王の招きを受け入れるのを決心したの？

フ 偉大な芸術の擁護者だったフランソワ1世は彼に真の愛情を示していて、「私の父」と呼んでいたからさ。王は彼に年1,000エキュの年金も与えたよ。

日 彼は1人でアルプスを越えたの？

フ いや、何人かの弟子と忠実な召使いと一緒だ。こうしてダヴィンチは、アンボワーズの王の居城から遠くない、クロ・リュセ城に住み着いたんだ。

日 ダヴィンチはイタリアから何を持ってきたの？

フ ダヴィンチはローマから彼の傑作である「モナリザ」「聖アンナと聖母子」「洗礼者聖ヨハネ」を持ってきた。それらは今日ルーヴル美術館に所蔵されているよ。

日 ダヴィンチはどんな感じで亡くなったの？

フ ダヴィンチは1519年5月2日、クロ・リュセ城の彼の部屋で亡くなった。伝説によると、ダヴィンチはアングルの絵が証明しているように、フランソワ1世の腕の中で亡くなったようだ。実際はほとんどありえない話なんだけど、フランソワ1世とダヴィンチの特別な絆をよく示すエピソードなんだ。ダヴィンチは彼の願い通り王の居城の敷地内に埋葬された。クロ・リュセ城は2016年から2019年にかけて、ダヴィンチが終の棲家に落ち着いて500年目を祝うよ。

20 フランス人の好きな歴史的人物は誰？
Qui sont les personnages historiques préférés des Français ?

Napoléon Bonaparte, Charles de Gaulle, Louis XIV, Henri IV, Louis Pasteur, Victor Hugo, François Ier, Saint-Louis, Jean Jaurès, François Mitterrand… Parmi ces personnages historiques préférés des Français, combien en connaissez-vous ? La plupart des Japonais ont entendu au moins une fois le nom de Napoléon Bonaparte, classé numéro 1 des personnages préférés des Français, car son histoire est enseignée aussi dans les lycées japonais.

Mais quelle est la raison pour laquelle les Français l'adorent ? Sa popularité aux yeux des Français vient sans doute de la modernisation des institutions françaises et européennes qu'il a effectuée, de ses victoires militaires et de sa conquête d'une majeure partie de l'Europe. Les Français se rappellent bien la grandeur de la France de cette époque. Dans tous les pays conquis, Napoléon Bonaparte a imposé le Code civil et toutes les notions révolutionnaires qui en font partie. Malgré la défaite napoléonienne de 1815, les idées de liberté et d'égalité se sont solidement ancrées dans les pays que Napoléon avait conquis. Peu de personnages ont laissé une trace aussi importante que lui dans l'histoire et la politique françaises. Pour certains écrivains et artistes surtout romantiques, Napoléon Bonaparte est l'archétype du grand homme dont le destin était de bouleverser le monde.

ナポレオン・ボナパルト、シャルル・ド・ゴール、ルイ14世、アンリ4世、ルイ・パスツール、ヴィクトル・ユゴー、フランソワ1世、サン・ルイ、ジャン・ジョレス、フランソワ・ミッテラン…フランス人が好きなこれらのフランスの歴史的人物の中で、あなたは何人知っていますか？　大半の日本人は、フランス人が最も好む人物ナンバー1のナポレオン・ボナパルトの名前を一度は聞いたことがあるでしょう。なぜなら彼の歴史は日本の高校でも教えられていますからね。

　しかし、フランス人はどういう理由で彼のことが大好きなのでしょうか？　フランス人の目から見たナポレオンの人気は、おそらく、彼が実現したフランスとヨーロッパの制度の近代化、彼の軍事的な成功、彼がヨーロッパの大半を征服したことに由来するのでしょう。フランス人はこの時代の偉大さをよく覚えているのです。ナポレオンはすべての征服した国に、ナポレオン法典とその一部をなす革命の概念のすべてを強制しました。1815年のナポレオンの敗北にもかかわらず、自由と平等の概念はナポレオンが征服した国々にしっかりと根づきました。実際、ナポレオン以上に重要な痕跡をフランスの歴史に残した人物はほとんどいないので、特にロマン主義の作家や画家にとって、ナポレオン・ボナパルトは世界を大きく変える運命を持った偉人の原型なのです。

modernisation	近代化
institution	制度
se rappeler	覚えている
notion	概念
s'ancrer	定着する
archétype	原型
destin	運命

Qui est le président de la République préféré des Français ?

J Quel président de la République est le plus populaire auprès des Français ?

F Selon un sondage, parmi tous les ex-présidents de la Ve République, les Français considèrent Jacques Chirac comme le « plus sympathique » devant François Mitterrand et Charles de Gaulle.

J Ah bon ? Mais d'où vient sa popularité ?

F Premièrement, c'est parce qu'il a refusé de s'engager aux côtés des États-Unis dans la guerre en Irak de 2003. Son opposition à toute alliance avec le Front National et sa proximité avec le monde paysan sont également appréciées.

J Sa proximité avec le monde paysan ? Qu'est-ce que ça veut dire ?

F Il s'est rendu chaque année au salon de l'agriculture entre 1972 et 2011 sauf en 1979 lorsqu'il a été victime d'un accident de voiture.

J Il n'a jamais fait de gaffes quand il était président de la République ?

F Si ! Sous sa présidence, le chômage a atteint les 10% et les déficits se sont creusés. À son départ de l'Élysée, il a été même accusé de détournements de fonds publics au titre d'ancien maire de Paris. Mais avec le recul, les Français semblent garder l'image d'un président proche du peuple.

J Il est aussi très connu pour être un grand fan du Japon.

F Il a visité le Japon au moins une cinquantaine de fois. Il était tellement passionné par le sumo qu'il a même nommé son chien : « Sumo » !

フランスで最も好かれている大統領は誰？

日 フランス人から見て最も人気のある大統領は誰なの？

フ ある調査によると、第五共和政のすべての元大統領の中で、フランス人はジャック・シラクが最も好感度が高いと見なしているよ。次がフランソワ・ミッテラン、シャルル・ド・ゴールと続くんだ。

日 そうなの。でも彼の人気はどこから来ているの？

フ 第一に、彼は2003年にアメリカ側についてイラク戦争に参加することを拒否したからだよ。国民戦線と手を結ぶことはどんな形でも反対だったこと、農民の世界に近かったことも評価されているよ。

日 農民の世界に近い？　どういう意味？

フ 彼は毎年農業見本市に出かけていたんだ。1972年から2011年の間、1979年に自動車事故で行けなかった以外はね。

日 彼は共和国大統領の時代、ヘマは一度もしなかったの？

フ したよ。彼が大統領だったとき、失業率は10パーセント台に達していたし、赤字も増えたよ。エリゼ宮を去るときには、パリ市長時代の不正流用で告訴されたよ。でも、引退とともに、フランス人は、民衆に近い大統領というイメージを持っているようだね。

日 彼は大の日本好きとしても知られているわね。

フ 彼は少なくとも50回は日本を訪れているよ。彼はあまりに相撲が好きで、彼の犬にスモウという名前をつけたくらいなんだ。

21 フランスの国旗はなぜ「青、白、赤」なの？
Pourquoi le drapeau français est-il bleu, blanc et rouge ?

L'article 2 de la Constitution de la Cinquième République indique que « L'emblème national est le drapeau tricolore, bleu, blanc, rouge ». Ce drapeau tricolore flotte au-dessus de tous les bâtiments officiels en France. C'est sous la Révolution française de 1789 qu'il a été adopté comme emblème national. Mais pourquoi ces trois couleurs ont-elles été choisies pour figurer sur l'étendard national de la France ?

Tout d'abord, la couleur blanche représente la monarchie française. Lors des guerres de religion, Henri IV a décidé de mener ses armées sous une bannière immaculée pour se distinguer des Espagnols et des Lorrains qui portaient des écharpes rouges et vertes.

Le bleu et le rouge, quant à eux, sont les couleurs traditionnelles de la ville de Paris. Sous la Révolution française, les membres de la Garde nationale arboraient une cocarde bicolore en signe de ralliement. Au bleu et au rouge le marquis de La Fayette, héros de l'indépendance américaine et commandant de la Garde nationale a décidé d'ajouter le blanc pour symboliser la nation française. C'est ainsi que, le 15 février 1794, le pavillon blanc a été officiellement remplacé par les trois couleurs. Le décret du 27 pluviôse An II ordonne également de disposer ces couleurs « de manière à ce que le bleu soit attaché à la garde du pavillon, le blanc au milieu et le rouge flottant ». On dit que le célèbre peintre Jacques-Louis David a suggéré cette disposition pour réconcilier le roi avec son peuple car le bleu et le rouge qui représentent les parisiens entourent le blanc, la couleur du roi.

En résumé, le drapeau français évoque la révolte du peuple pour obtenir la liberté. Le sens vertical des couleurs s'est imposé pour se différencier du drapeau néerlandais aux couleurs rouge, blanc, bleu disposées à l'horizontal. Depuis, il est devenu l'un des symboles de la République au même titre que *la Marseillaise* et la devise « Liberté, Égalité, Fraternité ».

第五共和国の憲法の第2条には、「国旗は青、白、赤の三色旗である」と定められています。三色旗はそれゆえフランスのすべての公的な建物の上ではためいています。三色旗が国旗として採択されたのは、1789年のフランス革命下のことでした。しかし、なぜこれらの3つの色がフランスの国旗を形作るために選ばれたのでしょうか？

　まず、白色はフランスの君主制を表しています。宗教戦争のとき、アンリ4世は、赤と緑のスカーフをしていたスペイン人とロレーヌ人と区別するために、真っ白な軍旗で自分の軍隊を率いることを決めました。

　一方、青と赤はパリ市の伝統的な色です。フランス革命下では、国民衛兵の隊員は目印として2色の記章を目立つように身に着けていました。アメリカ独立の英雄であり、国民衛兵の司令官だったラファイエット侯爵が青と赤に白を加え、フランス国家の象徴としました。このようにして、1794年2月15日、公に白い旗から三色旗に代わったのです。共和暦2年雨月27日（1794年2月15日）の勅令はまた、これらの色を、「青が旗ざおに固定され、白が中央に、赤がはためくように」配置するように命令しました。有名な画家、ジャック＝ルイ・ダヴィッドは、王と民衆を和解させるために、この色の配置を暗示したと言われています。というのは、パリ市民を表す青と赤が王の色である白を取り囲んでいるからです。

　要するに、フランス国旗は自由を獲得するための民衆の反乱を想起させるわけです。3色を縦の方向にすることも、赤、白、青と横に並んでいるオランダの旗と区別するために必要でした。それ以来、国歌のマルセイエーズと「自由、平等、友愛」のスローガンのように、三色旗は共和国のシンボルになりました。

emblème	紋章、シンボル
drapeau	旗
étendard	軍旗
immaculé	純白の
arborer	掲げる
cocarde	記章
ralliement	集合
pavillon	旗
suggérer	示唆する
réconcilier	和解させる

Pourquoi l'hymne national français est appelé *La Marseillaise* ?

J *La Marseillaise* est l'hymne national et l'un des symboles officiels de la France. Mais qui l'a composée ?

F Elle a été composée à Strasbourg par Rouget de Lisle, en avril 1792, pendant la Révolution française. L'année où le royaume de France a déclaré la guerre à l'Autriche.

J Pourquoi appelle-t-on ce chant *la Marseillaise* ?

F À l'origine, il s'appelait *le Chant de guerre pour l'armée du Rhin*. C'est en juillet 1792 qu'il a été baptisé *La Marseillaise*. En effet, les soldats républicains Marseillais la chantaient quand ils sont entrés dans Paris pour aider les révolutionnaires à prendre le palais des Tuileries, la résidence royale.

J C'est comme ça que *la Marseillaise* est ainsi devenue l'hymne national ?

F Oui. Sa réputation était tellement grande qu'elle a été décrétée chant national par la Convention, le 14 juillet 1795.

J Mais pourquoi *la Marseillaise* est interdite sous le Premier Empire et la Restauration ?

F C'est parce que ni l'empereur, ni le roi ne voulaient d'un chant républicain contre la monarchie absolue et toute forme de régime autoritaire.

J En quelle année et sous quel régime *la Marseillaise* est-elle redevenue officielle ?

F C'est en 1879 que la IIIe République l'a à nouveau adoptée en tant qu'hymne national. Avec les deux guerres mondiales, le message de défense de la patrie s'y est attaché définitivement.

どうして国歌は「ラ・マルセイエーズ」と呼ばれるの？

日 「ラ・マルセイエーズ」は国歌で、フランスの公式なシンボルのひとつだよね？　でも誰が作ったの？

フ 1792年4月、フランス革命の間に、ルジェ・ド・リールという人が、ストラスブールで作ったんだ。フランス王国が、オーストリアに宣戦布告した年さ。

日 なぜこの歌が「ラ・マルセイエーズ」と呼ばれるの？

フ もともとは、「ライン川の軍隊のための戦争の歌」と呼ばれていたんだ。「ラ・マルセイエーズ」と命名されたのは1792年7月だね。実は、マルセイユの共和派の兵士たちが、王の居城であるテュイルリー宮殿を奪取する革命家たちを助けにパリに入った時に歌っていたんだ。

日 「ラ・マルセイエーズ」はこうして国歌になったんだね？

フ うん。その評判がとても高かったので、1795年7月14日、憲法によって国歌として布告されたんだ。

日 でもなぜ「ラ・マルセイエーズ」は第一帝政と王政復古の下で禁止されていたの？

フ 皇帝も王様も、絶対王政やあらゆる独裁的制度に反対する共和主義的な歌を望まなかったからだよ。

日 何年にどの体制下で、「ラ・マルセイエーズ」は再び正式なものとなったの？

フ 1879年に第三共和政が、改めて国歌として採用したよ。2度の世界大戦を経て、祖国を守るというメッセージが、この国歌に決定的に付与されたんだ。

22 革命記念日はどうやって祝うの？
Comment fête-t-on le 14 juillet en France ?

Depuis 1880, le 14 juillet est l'une des grandes fêtes populaires de France. Ce jour de la fête nationale française commémore d'abord la prise de la Bastille par le peuple parisien, qui a eu lieu le 14 juillet 1789. En effet, sous l'ancien régime, la Bastille était une prison royale, devenue le symbole de la justice arbitraire de la monarchie absolue. Le 14 juillet 1790, la Fête de la Fédération a été organisée à Paris pour célébrer le premier anniversaire de la prise de la Bastille. À cette occasion, Louis XVI a fait le serment de maintenir la Constitution décidée par l'Assemblée nationale.

Le 14 juillet connaît toujours un grand succès. Les célébrations de la Fête nationale débutent par une retraite aux flambeaux le 13 au soir. Le lendemain, ce sont les cloches des églises qui annoncent le traditionnel défilé militaire. Il se déroule sur l'avenue des Champs-Élysées où de nombreux Français et touristes étrangers se pressent. Différents corps militaires paradent les uns après les autres sous l'œil du président de la République et de ses ministres. Le défilé au sol se termine toujours avec la Légion étrangère. Les avions de la Patrouille de France dessinent dans le ciel le drapeau bleu-blanc-rouge, au-dessus des Champs-Élysées.

Le soir, on peut participer au célèbre Bal des Pompiers ou au concert gratuit donné sur le Champ de Mars. La soirée se termine avec le traditionnel feu d'artifice lancé depuis les jardins du Trocadéro.

1880年以来、革命記念日はフランスの人気のある重要な祝祭日のひとつです。国民の祝日であるその日は、まず1789年7月14日に起きた、パリの民衆によるバスティーユの占拠を記念しています。実際のところ、旧体制下のバスティーユは、絶対君主制の横暴の象徴である王の造った牢獄でした。1790年7月14日に、バスティーユ占拠の1周年を祝うために、パリで建国記念日が計画されました。ルイ16世はそのときに国民議会によって決定された憲法を守る誓いを立てました。

　革命記念日は常に大成功を収めています。革命記念日の祝賀は、13日の晩の提灯行列から始まります。翌日は教会の鐘が伝統的な軍隊の行進を知らせます。それは多くのフランス人や外国人観光客が行き交うシャンゼリゼ大通りで繰り広げられます。共和国の大統領と閣僚の目の前で、さまざまな部隊が次々と行進をします。地上の行進はいつも外人部隊が最後です。フランスパトロール（仏空軍のアクロバット飛行チーム）の戦闘機はシャンゼリゼの上空に、三色旗の青、白、赤の色の線を描きます。

　夜には有名な消防士の舞踏会や、シャン・ド・マルスの無料コンサートに参加することができます。夜のイベントはトロカデロ広場から打ち上げられる伝統的な花火によって終わりを迎えます。

commémorer	記念して祝う
arbitraire	専制的な
serment	宣誓
retraite aux flambeaux	提灯行列
cloche	鐘
légion	外人部隊

C'est quoi, la Légion étrangère ?

J Lors du défilé du 14 Juillet, le défilé au sol est traditionnellement clôturé par la Légion étrangère. Mais quand a-t-elle été créée ?

F Elle a été formée en 1831 par Louis-Philippe pour incorporer des soldats étrangers dans l'armée française. Il s'agit d'un corps de l'armée de terre française.

J Les légionnaires viennent des quatre coins du monde ?

F Oui. 88% d'entre eux sont des étrangers issus de 146 nationalités avec des cultures multiples et des religions diverses.

J Comment ça marche, leur recrutement ?

F La sélection est rude. Seul un candidat sur huit est retenu, après des tests physiques, médicaux, psychologiques et de sécurité. Une fois ces épreuves réussies, les recrues signent un contrat d'engagement de cinq ans et séjournent pendant un mois dans l'une des quatre « fermes » destinées à la formation initiale.

J Qu'est-ce qu'ils y apprennent ?

F Ils y apprennent le code de l'honneur et, avant tout, à constituer un groupe dans lequel règnent la cohésion et la solidarité. On leur y enseigne aussi le français, langue commune de la Légion, inconnue de la majorité d'entre eux à leur arrivée.

J Pourquoi décident-ils de s'y engager ?

F Certains laissent derrière eux des vies plus ou moins compliquées. Beaucoup de ces hommes viennent à la Légion en quête d'une seconde chance.

J Il y a aussi des légionnaires japonais ?

F Bien sûr que oui ! Il existait même un site officiel de recrutement en japonais.

外人部隊って何？

日 革命記念日のパレードの際、地上のパレードは伝統的に外人部隊がしんがりを務めるね。でもそれはいつ作られたの？

フ 1831年、ルイ・フィリップによってフランス軍に外国人の兵士を編入するために組織されたんだ。それはフランス陸軍の一部隊なんだ。

日 外人部隊の兵士たちは、世界の隅々からやって来るの？

フ うん。外人部隊は、その88％がさまざまな文化とさまざまな宗教を持つ146カ国出身の外国人なんだ。

日 彼らの採用はどうしてるの？

フ 実のところ、選考は厳しいよ。身体テスト、医療検査、心理テスト、保安審査の後、8人に1人しか採用されないんだ。これらの試験をパスしたら、新兵は5年の兵役契約にサインし、1カ月間、新兵訓練のための4つの「ファーム」の1つに滞在することになるんだ。

日 そこで何を学ぶの？

フ 礼儀作法と、何よりも団結と連帯が行き渡る集団を作ることを学ぶんだ。彼らの大多数が、そこにやって来たときには知らなかった、外人部隊の共通語であるフランス語も教え込まれるよ。

日 どうして彼らは志願することを決めるのかな？

フ 多かれ少なかれ複雑な人生を送ってきた人もいるよね。彼らの多くは外人部隊にセカンド・チャンスを探しに来るんだ。

日 外人部隊の兵士に日本人はいるの？

フ もちろんいるさ！　日本語の公式募集サイトもあったからね。

キーワード②

patrimoine mondial

　世界遺産は、ユネスコの世界遺産委員会が作成するリストに登録された、遺跡、景観、自然などの、人類が共有すべき顕著な普遍的価値をもつ物件のことで、「文化遺産」「自然遺産」「複合遺産」に分類される。2016年7月に、「ル・コルビュジエの建築作品─近代建築運動への顕著な貢献」が世界遺産に登録されたが、ル・コルビュジエの建築作品のうち、フランスを中心とする7カ国に残る建築群が対象となった。その中には東京にある国立西洋美術も含まれており、大陸をまたぐ初の世界遺産登録となった。

bal des pompiers

　「消防士たちとのダンスパーティー」は革命記念日に付随して行われる7月13日夜の人気イベントである。1万人以上のパリ市民が、パリの各区にある40の詰め所に集った消防士たちと音楽に合わせて夜を徹して踊り明かす。消防士は国家を代表する公務員の中で市民に最も好かれ、市民と国家の理想的な関係を象徴しているので、消防士と踊ることは国家と市民とのつながりを確かにするという意味合いがある。だからこそ、このダンスパーティーが最も重要な国民のお祭のプログラムの一部になっている。イケメン消防士たちのカレンダーも毎年販売されているが、発売と同時に即売り切れるそうだ。

légion étrangère

　フランス外人部隊に入るための条件は至ってシンプル。パスポートを所持していて、17歳から40歳までの男性で、「いかなる地域においても働ける」肉体があること。フランスに愛国心を持つ必要はなく、モットーは「レジオ・パトリア・ノストラ＝部隊こそが我が祖国」である。身体能力だけが資本の究極のノマド商売ともいえるかもしれない。ちなみに、外人部隊の募集サイトによると初任給は月1,043ユーロだ。

現代社会

第3章

France d'aujourd'hui

23 フランスは極右になだれをうっているの？
La France va-t-elle basculer vers l'extrême droite ?

Tout d'abord, qu'est-ce que l'extrême droite ? En France, elle est représentée majoritairement, au niveau institutionnel, par le Front National, un parti nationaliste fondé en 1972. Cette formation politique a été dirigée par Jean-Marie le Pen pendant presque quarante ans et elle regroupe différents courants de l'extrême droite, allant des plus traditionnels (catholiques intégristes ou partisans de l'ancienne Algérie française), aux plus radicaux (royalistes ou néonazis).

En terme de basculement, la France avait déjà sursauté en mai 2002, lorsque, pour la première fois dans l'histoire de la Cinquième République, un représentant de l'extrême droite était présent au second tour de l'élection présidentielle. L'histoire retiendra que Jacques Chirac a été réélu avec plus de 80% des suffrages. Néanmoins cette « percée » de Jean-Marie le Pen sur le haut de la scène politique française a marqué les esprits au fer rouge : tout est possible en politique.

Sur fond de crise politique et financière en Europe et en France, les doctrines patriotiques et « anti-immigration », prônées par le Front National, séduisent de plus en plus d'électeurs depuis quelques années. Les résultats des dernières élections régionales en 2016 l'ont montré : les Français sont en colère et souhaitent un changement radical, ils votent donc en masse pour des partis… radicaux.

Il faut cependant noter que la sortie de l'Union Européenne, le retour au franc, la déchéance de nationalité ou la fin de la bi-nationalité sont des réformes qui ne toucheront pas uniquement les Français : les touristes et les réfugiés étrangers en subiront également les conséquences.

まず、極右とは何でしょうか？　フランスでは、それは制度的には主として1972年に設立された国家主義の政党、国民戦線が代表しています。その政治的な形成は、ほぼ40年間、ジャン＝マリ・ル・ペンによって指導されてきました。国民戦線は、最も伝統的なもの（カトリック原理主義、元フランス領アルジェリア信奉者）から最もラディカルなもの（王党派、ネオナチ）まで、極右のさまざまな流れを結集しています。

　「なだれうつ」と言えば、フランスは、第五共和政の歴史の中で初めて極右の候補者が大統領選挙で決選投票に進んだ2002年5月にすでに飛び上がるほど驚いていました。ジャック・シラクが80％以上の得票率で再選されたことを歴史は覚えているでしょう。フランスの政治の舞台の高みでの、このジャン＝マリ・ル・ペンの「快挙」は人々の心に深く刻まれました。政治の世界では何でも起こりうると。

　ヨーロッパとフランスの政治的、財政的な危機を背景に、国民戦線によって説かれる愛国と「反移民」の教義が数年来、だんだんと多くの有権者を引きつけています。2016年の最新の地方選挙の結果もまたそれを示しました。つまり、フランス人は怒っていて、根本的な変化を望み、ゆえに一斉に急進的な政党に投票するということです。

　しかしながら、考慮すべきことは、EUからの離脱、フランへの回帰、国籍の取り消し、二重国籍の廃止といった改革は、フランス人だけに関わるのではないということです。旅行者と難民もその結果を被るのです。

institutionnel	制度に関する
allant de … à	〜から〜まで
partisan	信奉者
basculement	大変動
sursauter	飛び上がる
suffrage	票
percée	快挙
marquer … au fer rouge	〜に烙印を押す
prôner	強く勧める
déchéance	はく奪

L'extrême-droite fait-elle peur aux Français ?

J Est-ce qu'il y a un risque de « basculement » vers l'extrême droite dès les prochaines élections présidentielles ?

F Personne ne peut l'affirmer, mais le vent tourne dans cette direction depuis quelques années en France.

J À propos de quoi les Français sont si mécontents, au point de choisir de voter pour un parti « radical » ?

F Ils ont perdu confiance en la politique et en ceux et celles qui l'incarnent. Socialistes, républicains, sociaux-démocrates, communistes, écologistes, chacun des courants politiques les plus représentés en France a eu au moins un de ses membres influents impliqué dans une affaire judiciaire ces dernières années. Les hommes et femmes politiques d'extrême droite sont, eux aussi, régulièrement poursuivis en justice, mais ces scandales politiques se sont banalisés au point que les Français se disent : « Tous pourris ! Il n'y en a pas un pour rattraper l'autre ! », et votent pour le Front National car il n'est « pas si pire » comparés aux autres partis politiques français.

J Le leader de l'extrême droite en France séduit donc de plus en plus de personnes ?

F En effet, l'actuelle présidente du Front National, Marine le Pen, fille de Jean-Marie le Pen, a réussi à se détacher de l'image sulfureuse et des scandales provoqués par les déclarations de son père sur les immigrés ou les religions pour devenir le nouveau symbole d'une extrême droite décomplexée car elle présente bien.

J Leur programme électoral a t-il changé depuis son arrivée ?

F En profondeur, pas vraiment, il est toujours question de haine raciale et de stigmatisation des étrangers.

フランス人は極右を恐れているの？

日 2017年の次の大統領選挙でも極右になだれうつ危険性はあるかな？

フ 誰もそれを断言できないけど、フランスではここ数年来、そちらの方向に風向きが変わっているね。

日 フランス人は「急進」政党に投票する選択をするくらいなんだけど、何に関してそんなに不満なの？

フ 彼らは政治とそれを体現している人々に対する信頼を失ったんだ。社会主義者、共和主義者、社会民主主義者、共産主義者、エコロジスト、フランスを最も代表する政治的な潮流のそれぞれに、近年裁判沙汰に巻き込まれた有力なメンバーが少なくとも1人はいたんだ。極右政党の政治家たちも定期的に司法に起訴されているけど、これらのスキャンダルはあまりに陳腐化していて、フランス人は「すべて腐っている！ 1人を捕まえるとまた1人！」と独り言を言うくらいだ。そして国民戦線に投票するのは、ほかのフランスの政党に比べて「そんなに悪くない」から。

日 極右のリーダーはますます多くの人たちを引きつけているの？

フ 確かに、ジャン＝マリ・ル・ペンの娘、国民戦線の現在の党首マリーヌ・ル・ペンは、きな臭いイメージと彼の父の移民や宗教に関する言明が引き起こしたスキャンダルから抜け出すことに成功して、コンプレックスから解放された極右の新しいシンボルになった。彼女は風采が立派だからね。

日 彼女が党首になってから選挙綱領も変わったの？

フ 深いところではあまり変わっていない。相変わらず特定の人種を憎み、外国人を公然と非難している内容だよ。

24 フランスの離婚率は高いの？
Le taux de divorce est-il élevé en France ?

Autrefois, le divorce était presque impossible car l'influence de la religion catholique était très forte. Mais quand la France est devenue un pays laïque en 1905, le divorce a été permis sous certaines conditions. Dans les années 1970, la France a adopté beaucoup de lois pour prôner l'égalité entre les hommes et les femmes. Notamment, la loi qui a autorisé le divorce par consentement mutuel, laquelle a remarquablement simplifié les procédures de divorce. Cette loi instaurée en 1975 a rendu possible le divorce à la seule condition que les deux époux soient d'accord avec la fin de leur mariage.

Après l'arrivée de cette loi, le nombre de divorces a augmenté considérablement. De 61 000 avant la loi de 1975 en France, le nombre de divorces prononcés s'est élevé à 123 000 en 2002. L'idée qui gouverne l'évolution du divorce consiste à considérer qu'on ne peut pas forcer deux époux qui ne s'aiment plus à rester enfermés dans le mariage. À Paris, on estime maintenant qu'un mariage sur deux se termine par un divorce. De nos jours, le divorce est un acte banal pour les Français. En raison de la fréquence des divorces, les familles recomposées sont également un phénomène en pleine expansion. Ce sont des familles dont les parents ont déjà chacun eu des enfants avec d'autres conjoints dont ils se sont séparés. Les couples recréent une famille avec leurs enfants issus d'une précédente union et les enfants nés de leur nouvelle union.

かつてフランスで離婚はほとんど不可能でした。というのもカトリックの影響がとても強かったからです。しかし、1905 年にフランスが政教分離の国となると、離婚が条件付きで可能となりました。1970 年代、フランスは男女平等を推進する多くの法律を採決しました。中でもお互いの合意に基づく離婚が合法化されると、離婚の手続きが飛躍的に簡単になりました。1975 年に制定されたこの法律によって、夫婦が自分たちの結婚を終わらせることに合意しさえすれば、離婚が可能となったのです。

　この法律ができたことで、離婚の数がめざましく増えました。1975 年の法律以前はフランスの離婚の数は年間 61,000 件でしたが、2002 年には 123,000 件に達しました。離婚が増加する背景にある中心的な考え方は、もはや愛し合っていない 2 人の夫婦を結婚の中に閉じ込めておけないというものです。パリでは、現在 2 組に 1 組のカップルが離婚すると見積もられています。現代において、離婚というのはフランス人にとってありふれた行為なのです。離婚が頻繁に起こるので、複合家族も同様に拡大しています。これは、両親が、別れた配偶者の間にそれぞれ子どもがすでにいた家族のことです。彼らは前の結婚あるいは同棲でもうけた子どもたちと、新しい関係でもうけた子どもたちと一緒に新しい家庭を再構成するのです。

mutuel	相互の
enfermé	閉じ込められた
conjoint	配偶者

Quelles sont les difficultés des familles recomposées ?

J Une famille recomposée, c'est quoi ?

F C'est une famille qui se compose d'un couple d'adultes, ainsi que d'au moins un enfant né d'une union précédente et d'un enfant né de la nouvelle union.

J En France, il y a beaucoup d'enfants qui vivent en famille recomposée ?

F En 2011, il existait 720 000 familles recomposées où 1,5 million d'enfants mineurs vivaient. 940 000 d'entre eux vivaient avec un parent et un beau-parent.

J Mais l'enfant peut résider en alternance au domicile de chacun de ses parents ?

F Oui. En cas de famille recomposée, les enfants peuvent passer une partie du temps avec leur autre parent. Certains enfants passant la plupart du temps avec un beau-parent résident régulièrement chez l'autre parent.

J Quelles sont les difficultés qui peuvent surgir dans une famille recomposée ?

F Il y a d'abord le problème du temps. Les couples d'une famille recomposée ne se connaissent le plus souvent que depuis quelques mois au moment où ils vivent ensemble. Ils n'ont pas donc assez de temps pour nourrir leur lien amoureux et construire une famille en même temps. C'est pour ça que la réussite d'une famille recomposée est un véritable défi.

J Comment peut-on surmonter ces difficultés alors ?

F Il est important pour tous les membres de la nouvelle famille de respecter l'autre, son territoire, ses habitudes de vie... En somme, d'apprendre à vivre avec l'autre !

複合家族の難しさは何？

日 複合家族って何？

フ 大人のカップルと、以前のカップルから生まれた少なくとも1人の子どもと、新しいカップルから生まれた少なくとも1人の子どもで構成された家族だよ。

日 フランスでは複合家族のもとで暮らす子どもは多いの？

フ 2011年には、72万の複合家族が存在していて、そこで150万人の子どもが暮らしていた。そのうちの94万人は親か義理の親と住んでいたよ。

日 でも子どもたちは親の間を行ったり来たりして暮らすこともできるんだよね？

フ そう、複合家族の場合は、子どもたちはもう1人の親と一部の時間を過ごすこともできるよ。大部分の時間を義理の親と過ごし、定期的にもう一方の親と暮らす子どももいる。

日 複合家族で生じうる難しさは何？

フ まず時間の問題があるね。複合家族のカップルは知り合って数カ月で一緒に住み始めることが多いんだ。だから彼らは愛情関係を育むと同時に家族を築くために十分な時間がない。だから複合家族を成功させるのは真の挑戦なんだ。

日 それじゃ、どうやってそれを克服できるの？

フ 新しい家族全員が他者と、そのテリトリーや生活習慣を尊重することが大事だね…つまりは他人と一緒に住むことを学ぶことが大事なんだ。

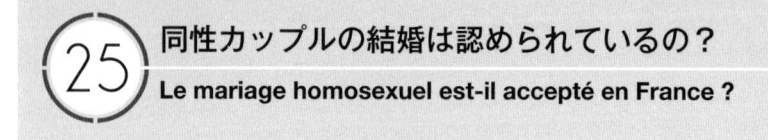

25 同性カップルの結婚は認められているの？
Le mariage homosexuel est-il accepté en France ?

Le mariage homosexuel, surnommé « mariage pour tous », est autorisé en France depuis 2013. Toutefois, le projet de loi ouvrant le mariage et l'adoption aux couples de personnes de même sexe a provoqué un grand débat qui a divisé la société française et causé une opposition frontale entre la gauche et la droite. Ce débat a même soulevé une résistance plus forte en France que dans d'autres pays européens.

Il faut préciser que beaucoup de Français sont favorables au mariage homosexuel, mais défavorables aux droits des couples homosexuels en matière de filiation, d'adoption et d'autorité parentale. En 1999, le pacte civil de solidarité (PACS) avait déjà offert aux couples, tant homosexuels qu'hétérosexuels, des droits assez proches de ceux du mariage civil. Cependant, le PACS n'offre pas totalement les mêmes garanties juridiques que le mariage civil. En cas de décès de l'un des partenaires, le survivant n'est pas automatiquement héritier du défunt, et l'adoption conjointe n'est pas permise non plus. Les couples homosexuels ont donc revendiqué le droit de créer des relations familiales. Ce à quoi les opposants au projet de loi ont rétorqué: que répondriez-vous à un enfant qui demanderait pourquoi on l'a privé d'un père ou d'une mère ?

Quoi qu'il en soit, l'adoption de la loi a été un moment historique grâce auquel on a franchi la dernière marche de l'égalité juridique entre les couples hétérosexuels et homosexuels.

「みんなのための結婚」という別称を持つ同性カップルの結婚は、フランスで 2013 年から合法化されています。しかしながら、同性カップルに結婚と養子縁組に道を開くこの法案はフランス社会を分断し、左派と右派を真っ向から対決させる大きな議論を引き起こしました。この議論はフランスで、ほかのヨーロッパの国々よりも激しい抵抗を引き起こしさえしたのです。

　正確を期さなくてはならないのは、フランス人の多くは同性カップルの結婚には好意的なのですが、親子関係、養子縁組、親権に関する権利を同性カップルに与えることには反対しているのです。そもそも 1999 年に採決された連帯市民協約 (PACS) がすでに、同性カップルにも異性のカップルにも結婚とほぼ同じ権利を与えていたのですから。しかしながら PACS は結婚とまったく同じ法的な保障を与えているわけではありません。どちらか一方のパートナーが亡くなった場合、残ったパートナーは自動的に故人の遺産相続人にはなりませんし、カップル共同での養子縁組も認められていません。そこで、同性カップルは、家族関係を作る権利を要求したのです。この法案に反対する人々は次のように反論しました。「なぜ自分にはお父さんとお母さんのどちらかしかいないの？と子どもに尋ねられたら、あなたはどう答えるのですか？」と。

　いずれにせよ、この法案の採択は、異性カップルと同性カップルの間の法的な平等を実現する最後の段階を越えたという意味で、歴史的な瞬間だったのです。

filiation	親子関係
autorité parentale	親権
héritier	相続人
défunt	故人
revendiquer	要求する
priver	奪う
franchir	越える

Qu'est-ce que la loi « mariage pour tous » a changé ?

J En France, la loi sur le mariage homosexuel a suscité une violente opposition. Pourquoi tant de gens étaient-ils contre le mariage pour tous ?

F En fait, presque 60% des Français étaient favorables au mariage homosexuel. Ce qui a fait polémique, c'était l'adoption d'enfants par des couples homosexuels, car c'est le fondement de la famille qui est en jeu.

J Qu'est-ce que la loi a changé en matière d'adoption ?

F Cette loi votée en 2013 a autorisé les couples homosexuels à adopter ensemble. Mais en réalité, ils pouvaient déjà adopter en tant que personnes seules.

J La situation est simple ?

F Non. La loi a ouvert plusieurs voies aux couples homosexuels afin de créer un lien de filiation. Mais de manière générale, l'adoption reste difficile pour les couples homosexuels du fait du « choix de vie » des adoptants.

J Y a-t-il des solutions alternatives ?

F Oui. Les femmes peuvent avoir recours à la procréation médicalement assistée avec un donneur tiers. Mais pour le moment ce procédé n'est pas autorisé en France. Les lois hollandaises ou belges, en revanche, permettent aux femmes seules de le faire.

J Certaines femmes françaises vont donc se faire inséminer aux Pays-Bas ou en Belgique...

F On appelle les enfants nés ainsi « enfants du Thalys ».

「みんなのための結婚」の法律で何が変わったの？

日 フランスでは同性婚に関する法律が激しい反対を引き起こしたね。なぜ、あれだけの人たちがみんなのための結婚に反対していたの？

フ 実際は、ほぼ60%のフランス人がすでに同性婚に賛成だったんだ。論争を引き起こしたのは、同性カップルによる養子縁組だったんだ。なぜかというと、家族の土台が問題になっているから。

日 法律は養子縁組に関して何を変えたの？

フ 2013年に採択されたこの法律は同性カップルがカップルで養子縁組をすることを許可したんだ。しかしながら、すでに同性カップルは個人として養子縁組が可能だったんだけどね。

日 そんなにうまくいくの？

フ いや。法律は親子関係を作るために同性カップルにいくつもの道を開いた。一般的に、同性カップルにとって、養子をとる人間の「ライフスタイルの選択」のせいで難しいままなんだ。

日 それじゃ、ほかの方法はあるの？

フ あるよ。女性の同性カップルは第三者の精子提供者によってPMA（生殖補助医療）に頼ることができる。でも今のところはフランスでは許可されていない。一方、オランダやベルギーの法律はシングル女性でもそれをすることが可能なんだ。

日 それでオランダやベルギーに精子提供を受けに行くフランス人女性もいるわけね…。

フ そうやって生まれた子どもは「タリス（フランス・ベルギー・オランダ・ドイツの4カ国を結ぶ高速列車）の子どもたち」って呼ばれているよ。

26 なぜフランスの出生率は高いの？
Pourquoi le taux de fécondité est-il élevé en France ?

Avec un taux de fécondité de deux enfants par femme, la France est le pays de l'Union européenne le plus performant en matière de fécondité, à égalité avec l'Irlande, loin devant l'Italie, l'Espagne ou l'Allemagne.

Ce taux de fécondité se maintient en France, en dépit de la crise économique. C'est un cas presque unique dans les pays développés. Pour expliquer ces bons résultats, une étude relève que la France s'appuie sur une solide politique sociale et familiale qui a amorti le choc de la récession. Les premiers instruments de la politique familiale en France sont d'abord les aides financées par la Caisse d'allocations familiales, telles que les allocations familiales, l'allocation de rentrée scolaire, ou encore l'allocation de logement familiale.

Les allègements d'impôts sont également une des composantes de la politique familiale. Le taux de fécondité élevé des Français provient d'une politique familiale courageuse et volontariste ! Ce n'est pas tout : les nombreuses crèches, ainsi que le congé de maternité pour la femme et le congé parental pour l'homme, permettent également d'élever plus facilement des enfants. Ainsi le nombre d'enfants continue-t-il à augmenter en France…

女性1人につき2人の子どもを産むフランスの出生率は、アイルランドと並び、欧州連合において最もパフォーマンスが高い国で、イタリア、スペイン、ドイツを大きく引き離しています。

　この出生率は、経済危機にもかかわらず、フランスでは維持されています。先進国においては、ほぼ唯一のケースです。この良好な結果を説明するのに、ある研究は、フランスがしっかりとした社会および家族政策を基盤としており、それが不況のショックを和らげていると指摘しています。フランスの家族政策の基本的な手段は、まずは、家族手当、新学期手当、あるいは家族住宅手当といった、家族手当局から支出される援助です。

　税の軽減も、家族政策を構成する要素のひとつです。フランス人の高い出生率は、大胆で断固とした家族政策に由来しているのです！　これだけではありません。女性には出産休暇、男性には育児休暇とともに、多くの保育園があることも、子どもをより育てやすくしています。こうして、フランスでは子どもの数が増え続けているのです。

taux de fécondité	出生率
performant	競争力のある
amortir	和らげる
allocation	手当
allègement	軽減
composante	構成要素
provenir de	〜に由来する
volontariste	断固とした
crèche	託児所
congé de maternité	出産休暇
congé parental	育児休暇

Quel est l'âge moyen de la première grossesse des Françaises ?

J La France est toujours le champion européen des bébés ?

F Oui. Depuis 2006, c'est le seul pays d'Europe qui a une fécondité stable et élevée avec deux enfants par femme.

J Pourquoi ce taux de fécondité se maintient-il en France ?

F La première cause, c'est la politique familiale mise en place par l'État, qui y consacre environ 4% de son PIB.

J Mais l'Allemagne dépense presque autant que la France en politique familiale ?

F En effet. Mais son taux de fécondité est seulement de 1,4 enfant par femme. Les dépenses ne sont donc pas le seul facteur. La scolarisation très jeune des enfants en France, dès trois ans, est également un facteur favorable.

J Au Japon, les femmes ont tendance à avoir leur premier enfant de plus en plus tard. C'est pareil en France ?

F En France aussi, l'âge moyen du premier bébé pour une femme ne cesse de reculer.

J Quelle est la cause de ce changement de comportement ?

F Les femmes souhaitent aujourd'hui retarder la constitution de leur famille qui nécessite un emploi stable, un logement et une vie de couple. L'allongement de la durée des études et la progression de l'emploi féminin peuvent aussi retarder l'arrivée de l'enfant. La difficulté à concilier travail et famille a également joué un rôle.

フランス人の最初の出産は平均何歳？

日 フランスは相変わらず赤ちゃんを産む国のトップね。

フ そうだよ。2006年以来、女性1人につき2人産んでいて、安定した高い出生率を維持しているヨーロッパで唯一の国だね。

日 なぜフランスではこのような出生率を維持できているの？

フ 第一の理由は、政府が実施している家族政策だ。国内総生産の約4％をそれに割り当てているよ。

日 でもドイツも家族政策にフランスと同じ額を割いているわね。

フ 確かにそうだけど、ドイツの出生率は女性1人につき1.4しかない。だから公的支出が唯一の要素じゃない。フランスでは就学がとても早く、3歳からすでに始まるけど、これも有利に働いている要因だね。

日 日本で女性は最初の子どもを持つ年齢がだんだんと上がる傾向にあるわ。フランスでもそうなの？

フ フランスもそうだ。最初の子どもを持つ平均年齢はどんどん上がっている。

日 この行動の変化の原因は何？

フ 今日、女性たちは、安定した仕事、住居、夫婦生活を必要とする家族の構築を遅らせようとしている。学業期間が長くなっていること、女性の雇用が進んでいることも、子どもを産むのを遅らせているかもしれない。仕事と家庭を両立させることが難しくなっていることも、影響があるね。

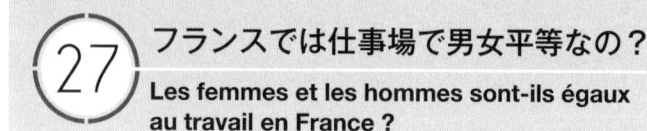

27 フランスでは仕事場で男女平等なの？
Les femmes et les hommes sont-ils égaux au travail en France ?

En France, l'écart économique entre les femmes et les hommes s'est réduit au cours de la dernière décennie. Toutefois on est encore loin d'atteindre l'égalité. Les inégalités professionnelles entre les femmes et les hommes persistent, tandis que les femmes ont investi massivement le marché du travail et que leur niveau d'éducation a atteint voire dépassé celui des hommes.

D'abord, les écarts de salaires entre femmes et hommes restent importants même dans la fonction publique, en dépit des efforts du gouvernement pour favoriser l'égalité professionnelle. Le taux de femmes qui occupent des postes à responsabilités dans les entreprises ne représente que 34%, loin derrière les ex-pays communistes. La majorité des femmes salariées pense donc naturellement que, sur les lieux de travail, les femmes font habituellement face à des comportements et des propos sexistes.

Il y a un autre constat. Même en France, la grossesse reste un grand obstacle à la réussite professionnelle ! Certes, en France, plus les femmes travaillent, plus elles ont d'enfants. Mais la maternité continue d'être un frein à leurs carrières.

Le gouvernement espère que la loi du 4 août 2014 qui vise à combattre les inégalités entre hommes et femmes fera avancer de manière significative la volonté de rendre l'égalité professionnelle réelle et effective. En effet, la promotion de cette égalité constitue une priorité pour le gouvernement car elle bénéficie non seulement aux salariés mais aussi aux entreprises et à la société tout entière.

フランスでは、この10年の間に、女性と男性の間の経済格差が縮小しましたが、まだ平等を実現していると言うにはほど遠い状況です。女性が労働市場を席巻し、彼女らの教育水準は男性のそれに追いつくどころか追い越しているのにもかかわらず、女性と男性の間の職業的不平等は相変わらず続いています。
　まず女性と男性の間の給料格差は、職業上の平等を促進奨励する政府の努力にもかかわらず、公職においてすら、依然大きいままです。企業の責任あるポストを占める女性の割合は34％にすぎず、元共産主義の国に大きく引き離されています。よって、働く女性の大多数は、職場において女性が普段から女性差別的な態度や言葉に直面していると、当然考えています。
　別の状況も確認されます。フランスでも、妊娠が依然として職業的成功の大きな障害となっているのです！　確かに、フランスでは働く女性ほど多くの子どもを持っています。しかしながら、出産は彼女らのキャリアのブレーキであり続けているのです。
　男女間の不平等と戦うことを目指した2014年8月4日施行の法律によって、政府は、職業上の平等を現実的で実効性のあるものにする意志が、目覚ましい形で前に進むことを望んでいます。実際、この平等の推進は政府の最重要課題のひとつです。というのも、この法律はサラリーマンだけでなく、企業や社会全体に利益をもたらすからです。

écart	格差
décennie	10年間
persister	続く
voire	その上
important	著しい
comportement	態度
propos	言葉
constat	状況
grossesse	妊娠
frein	ブレーキ

> **En France, y a-t-il beaucoup de femmes victimes de harcèlement sexuel au travail ?**

J En France, les femmes qui souffrent de harcèlement sexuel au travail sont-elles nombreuses ?

F Je pense que oui. En France, une femme active sur cinq fait face à une situation de harcèlement sexuel au cours de sa vie professionnelle. La loi qui précise la définition du harcèlement sexuel a été adoptée au Sénat en 2012. C'est reconnu comme une discrimination.

J Les victimes se trouvent-elles dans une situation d'emploi précaire ?

F Pas forcément. Un sondage révèle que les victimes sont le plus souvent des femmes ayant un certain niveau de responsabilité, car elles travaillent souvent dans des environnements professionnels majoritairement composés d'hommes, je suppose…

J J'imagine qu'il y a différentes formes de harcèlement sexuel…

F Dans la plupart des cas, elles souffrent de gestes ou de propos à connotation sexuelle répétés. Mais peu de femmes portent plainte. En fait, le harcèlement sexuel n'est pas suffisamment reconnu dans les conditions de travail. C'est pour ça que 17 anciennes ministres de gauche comme de droite ont lancé un appel contre le sexisme et le harcèlement sexuel pour attirer l'attention des gens sur ce fléau.

J C'est vrai ?!

F Elles ont déclaré de façon catégorique : « Nous ne nous tairons plus » devant « toutes les remarques sexistes, les gestes déplacés, les comportements inappropriés ».

J Elles sont vraiment courageuses !

F Ce n'est pas seulement pour elles-mêmes qu'elles se sont exprimées, mais aussi au nom de toutes celles qui ne peuvent pas prendre la parole.

フランスの職場にもセクハラってある？

日 フランスでは、職場のセクシャル・ハラスメントに苦しむ女性は多いの？

フ そうだと思うよ。フランスでは、仕事を持つ5人に1人の女性が、職業生活で、セクシャル・ハラスメント的状況に直面しているんだ。実際、セクシャル・ハラスメントの定義を明確にする法律が2012年上院で可決されたんだ。これは差別だと正式に認められたんだよ。

日 被害者は不安定な雇用状態にあるからそういう目にあうの？

フ そうとは限らないんだ。ある調査が明らかにしたところによれば、被害者はある程度の責任を伴うポストの女性であることが大変多いんだ。というのも彼女たちは、大部分が男性からなる職業環境でしばしば働いているから、と推測するんだけど…。

日 セクシャル・ハラスメントにはさまざまな形があるのかな…。

フ たいていの場合、彼女たちは、性的なほのめかしを含んだ、繰り返される身振りや言葉に苦しんでいるね。でも訴える女性はほとんどいないんだ。実は、セクシャル・ハラスメントは、職場の労働条件の中で十分に意識されていないんだ。それで、左派右派問わず17人の元女性閣僚が、性差別とセクシャル・ハラスメントに反対するアピールをして、この厄介な問題に人々の注意を向けたんだ。

日 本当に!?

フ 彼女たちは断固とした調子で、「あらゆる性差別的なコメントや失礼なジェスチャーや不適切な振る舞い」に対し「私たちはもう黙ってはいませんよ」と宣言したんだ。

日 彼女たちは本当に勇気があるね！

フ 彼女たちは自分たちのためだけではなく、声を上げることのできない女性たちすべてを代表して声を上げたんだよ。

28 フランスは核エネルギーを推進し続けているの？
La France promeut-elle toujours l'énergie nucléaire ?

Le débat sur l'énergie nucléaire est un sujet important du débat politique. En effet, la France veut réduire la part du nucléaire dans son bouquet énergétique à la suite de l'accident nucléaire de Fukushima. Non seulement le parti écologiste « les Verts », mais aussi de plus en plus de Français veulent sortir du nucléaire et aller vers les énergies renouvelable telles que l'énergie solaire ou l'énergie éolienne.

Toutefois, l'électricité d'origine nucléaire joue toujours un rôle important sur le plan économique et, forte de sa technologie de pointe, la France exporte son savoir-faire sur l'énergie nucléaire dans le monde entier. La France reste le pays qui compte le plus de centrales nucléaires au monde. Ne peut-on pas alors se passer du nucléaire en France ? Si ! En 2015, le projet de loi de transition énergétique pour la croissance verte a été définitivement adopté au Parlement. Cette loi ambitieuse vise à réduire l'écrasante facture énergétique de la France et à lutter contre les émissions de gaz à effet de serre. Les objectifs de la loi sont de faire baisser de moitié la consommation totale d'énergie de la France d'ici à 2050, de faire tomber à 50 % la part de l'énergie tirée du nucléaire et de faire diminuer de 30 % la part de l'énergie tirée des énergies fossiles d'ici 2030. Un autre objectif implique également de faire augmenter la part des énergies renouvelables à 32 % d'ici 2030.

核エネルギーに関する議論は、政治における議論の重要なテーマです。実際のところフランスは、福島の原発事故の後、電源構成から原子力エネルギーの割合を減らしたいと考えています。エコロジー政党の「緑の党」だけでなく、ますます多くのフランス人が原子力エネルギーから脱却し、太陽光エネルギーあるいは風力エネルギーといった持続可能エネルギーに向かいたいと考えています。

　しかし、原子力由来の電気は、依然としてフランスの経済面において大きな役割を果たしており、その最先端のテクノロジーに支えられて、フランスは世界中に、フランスの原子力エネルギーのノウハウを輸出しています。フランスは依然として、世界で最も原子力発電所が多い国なのです。それでは、フランスは原子力なしでやっていくことは不可能なのでしょうか？　いいえ！2015年、環境にやさしい発展のためのエネルギー転換の法案が最終的に議会で採決されました。この野心的な法案は、フランスの圧倒的に多いエネルギー関連の支出を減らし、温室効果ガスの排出と戦うことを目指しています。法案の目標は、今から2050年までにフランスのエネルギー消費全体を半分消滅し、原子力からのエネルギーの割合を半分にし、2030年には化石燃料からのエネルギーを30％減らします。もうひとつの目標も、持続可能エネルギーの割合を今から2030年までに32％に引き上げることになります。

bouquet énergétique	エネルギー割合、電源構成
de pointe	最先端の
savoir-faire	ノウハウ
se passer de	〜なしで済ます
transition	転換
facture	請求書
émission	排出
gaz à effet de serre	温室効果ガス
tirer de	〜から取り出す
énergie fossile	化石燃料エネルギー
énergie renouvelable	持続可能エネルギー

Pourquoi faut-il fermer la centrale nucléaire de Fessenheim ?

J Au Japon, de nombreuses manifestations antinucléaires ont eu lieu à la suite de l'accident de Fukushima. J'imagine que cette catastrophe a eu un grand impact sur l'industrie nucléaire en France.

F Depuis la catastrophe nucléaire de Fukushima, l'avenir des centrales nucléaires en France suscite toujours de vifs débats. Car, la France produit la majorité de son électricité à partir du nucléaire.

J J'imagine alors qu'il est difficile de sortir tout de suite du nucléaire…

F Beaucoup de Français réclament surtout la fermeture de la centrale nucléaire de Fessenheim dans le Haut-Rhin.

J Pourquoi est-elle ciblée ?

F D'abord, la centrale de Fessenheim, mise en service depuis 1978 est la plus vieille du parc électronucléaire français. Mais sa vétusté n'est pas la seule raison. Elle est située sur une faille en zone à risque sismique, et en plus, elle est exposée à un risque d'inondation en cas de rupture de la digue.

J Fessenheim est-elle alors la plus dangereuse de toutes les centrales ?

F En plus de Fessenheim, Greenpeace a également pointé du doigt cinq centrales à fermer en priorité, toutes en exploitation depuis plus de trente ans. Il me semble que la France n'a pas su tirer les leçons de Fukushima.

J Pourquoi la centrale alsacienne n'est-elle toujours pas fermée ?

F EDF, exploitant de la centrale, aurait refusé de lancer la procédure. Il y a aussi la question du problème des emplois.

なぜフッセンハイム原発を閉鎖しなくてはいけないの？

日 日本では、福島原発事故の後に、たくさんの反原発デモが行われたよね。この事故はフランスの原発産業に大きな影響があったんじゃないかな。

フ 福島原発事故以来、フランスでの原発の将来は相変わらず激しい議論を巻き起こしているよ。なぜなら、フランスでは電気のほとんどが原発由来だからね。

日 それじゃ、すぐに脱原発するのは難しそうね…。

フ でも多くのフランス人は特にオーラン県にあるフッセンハイム原発の閉鎖を要求しているよ。

日 なぜそれがターゲットになっているの？

フ まず、1978年から稼働しているフッセンハイム原発はフランスの原発の中で最も古いんだ。でも老朽化だけが唯一の理由じゃない。それは地震の危険のある断層の上に建っていて、さらには堤防が決壊した際の浸水の危険にさらされている。

日 それじゃフッセンハイム原発はすべての原発の中で最も危険なの？

フ フッセンハイムだけでなく、グリーンピースは優先的に閉鎖すべき5つの原発も名指ししているんだけど、これらはすべて30年以上稼働しているんだ。僕には福島から教訓を得られなかったように思えるね。

日 なぜこのアルザスの原発は相変わらず閉鎖されないの？

フ 原発を経営しているEDF（フランス電力）が手続きを進めるのを拒否したみたいだね。雇用問題もあるからね。

29 フランス人は電車で旅行するの？
Est-ce que les Français voyagent en train ?

Malgré une baisse de pouvoir d'achat constatée récemment, les déplacements en train ne cessent de progresser. Ainsi, les TGV sont-ils de plus en plus pleins. La fréquentation des trains est en constante hausse depuis 20 ans et connaît, chaque année, un pic, de plus en plus marqué en juillet. Quant à l'Eurostar, vers Londres notamment, lui aussi ne désemplit pas ces dernières années.

En revanche, les trains du quotidien, qui constituent officiellement la priorité de la SNCF, sont aujourd'hui délaissés. C'est la vitesse qui séduit toujours plus de monde, alors en milieu urbain, lorsque les Français ont le choix entre la SNCF et le tramway, le bus ou la voiture, leur choix ne se porte plus sur les trains (TER et RER). Il faut ajouter que les nombreuses grèves et retards de ces derniers ne favorisent pas leur cote de popularité.

Voyager en TGV est rapide et le billet ne coûte pas si cher, comparé au Shinkansen japonais par exemple. Un aller-retour Paris-Lille (225 km) coûte entre 40 et 100 euros, en fonction des jours et des horaires. Il s'effectue en moins d'une heure. L'aller-retour Paris-Lyon (465 km) ne coûtera pas beaucoup plus cher (entre 80 et 100 euros) et vous serez arrivé en deux heures.

On dit souvent que la qualité des services dans un TGV français est moindre, comparée par exemple aux standards japonais. Tous les goûts et les priorités sont dans la nature, mais il faut reconnaître que le rapport qualité-prix du TGV reste un atout majeur et la raison principale de son succès auprès des Français.

最近、購買力の低下が指摘されているとはいえ、電車での移動は増え続けています。こうしてTGVはますます満員になっています。電車に乗る回数は20年以来増え続け、7月にピークを迎えますがそれは年々顕著になっています。ユーロスターも、特にロンドン行きは、ここ数年いつも混んでいます。

　それに反して、SNCFにとって公式の最優先課題である「日常的な電車」は今日見向きもされません。というのも速さが常により多くの人を引きつけるので、都市部では、フランス人がSNCFか、路面電車、バス、自動車を選ぶとなると、彼らの選択は電車（TERやRER）に向かわなくなるのです。電車がしょっちゅうストをしたり遅延をしたりすることも、電車の人気を落としていると付け加えないといけません。

　TGVで旅行するのは速いですし、例えば日本の新幹線と比べて切符もそう高くありません。パリ・リール間（225キロメートル）往復で、日と時間帯によりますが、40ユーロから100ユーロです。1時間以内で着きます。パリ・リヨン間（465キロメートル）往復はそれよりそんなに高くはならないでしょうし（80ユーロから100ユーロ）、2時間もあれば着くでしょう。

　フランスのTGVのサービスの質は、例えば日本の標準と比較すると、よくないとしばしば言われます。人によって趣味と優先事項は違いますが、TGVはコストパフォーマンスが切り札で、フランス人の間で成功している主な理由であるということは認めなくてはなりません。

pic	ピーク
ne pas désemplir	いつもいっぱいである
délaisser	見限る
se porter	向かう
s'effectuer	行われる
qualité-prix	コストパフォーマンス

Est-ce qu'il y a aussi des *densha otaku* en France ?

J Au Japon, il y a beaucoup de *densha otaku* (des fans inconditionnels de train). Ils connaissent toutes les lignes, les noms de tous les types de trains, ou encore les prix de tous les itinéraires. Qu'en est-il en France ?

F Chez nous c'est différent. Voyager en train n'est pas autant un plaisir que cela peut l'être au Japon. C'est d'abord une nécessité, un gain de temps ou d'argent, avant d'être un plaisir, ou même un loisir.

J Pourquoi à ton avis ?

F Il y a probablement là une différence culturelle et démographique : la population française étant inférieure de moitié à celle du Japon, il y a moins de trains dans les grandes villes françaises car il y a moins de personnes à transporter et car nous avons d'autres moyens de transport urbain. Aussi, le dernier train est souvent à 20h30 quand on n'habite pas en ville. Les derniers trains passent donc très tôt en France, comparés aux trains nippons qui roulent parfois jusqu'à plus de minuit. La raison est simple : les Japonais travaillent tard, ils ont donc besoin d'un service qui soit assuré jusque tard dans la nuit.

J Le fait d'aimer les trains est-il uniquement lié au style de vie des Japonais ?

F Je ne suis pas spécialiste, mais je suppose qu'il y a des raisons géographiques et climatiques. Là où les Français peuvent marcher ou prendre leur vélo, les Japonais n'ont probablement pas d'autres choix que de prendre le train tant il fait chaud et humide ou tant le relief montagneux ne permet pas l'utilisation d'un autre moyen de transport.

フランスにも電車オタクっているの？

日 日本では、「電車オタク」（電車の盲目的なファン）がたくさんいるよね。彼らはすべての路線とすべての電車の型とさらにはすべての行程の値段を知っているわ。フランスではどうなの？

フ フランスでは違うよ。電車で旅行するのは、日本ほどの楽しみではないんだ。それは喜びやましてや余暇の楽しみである前に、まず必要手段、つまり時間とお金の節約だよ。

日 君はなぜだと思う？

フ おそらくそこには文化的および人口的な違いがあるね。フランスの人口は日本の半分なので、フランスの大きな町では電車が少ないんだ。乗客が少ないし、都市にはほかにも交通手段があるからね。だから都市部に住んでいなければ、終電が 20 時 30 分ということもよくあるね。それで、夜中の 12 時過ぎまで走っているようなこともある日本の電車と比較すると、フランスの終電はとても早い時間になくなるんだけど、理由は単純。日本人は夜遅くまで働くので、夜遅くまで電車が走っている必要があるんだ。

日 電車への愛は、ひとえに日本の生活スタイルと結びついているの？

フ 僕は専門家じゃないけど、地理的な理由と気候的な理由もあると思うよ。フランス人は歩いたり自転車に乗ったりできるけど、日本人は、電車に乗る以外の選択肢がたぶんないんだよ。それほど暑かったり湿度が高かったり、山がちな地形だったりして、ほかの交通手段を使えないから。

30 ヴェリブって何？
Le Vélib' en France : qu'est-ce que c'est ?

Vélib' est un mot-valise composé des mots « vélo » et « liberté ». C'est le système de vélos en libre-service qui a été mis en place par la Mairie de Paris. Depuis son lancement en 2007, le Vélib' a beaucoup de succès. Bien plus qu'une facilité de transport supplémentaire, le Vélib' est actuellement une nouvelle façon de vivre en ville. Chacun peut à tout moment profiter d'un vélo en libre accès, partout dans la ville, selon ses besoins ou ses envies. Le Vélib' est devenu un service du quotidien, accessible à tous les parisiens et les touristes. À Paris, la petite reine est ainsi en plein essor.

En effet, pour les individus qui se déplacent en centre-ville, le Vélib' constitue un excellent moyen de rester en bonne santé et de protéger l'environnement. Le Vélib' prouve que la voiture en milieu urbain est de plus en plus un outil du passé qui cause des embouteillages et pollue l'air. Bien que la ville de Paris reste une « ville monumentale, Ville Lumières », le Vélib' lui a ajouté une autre image de ville moderne qui continue à évoluer.

Le Vélib' s'est aussi exporté dans le monde. Au Japon, le premier système de vélos en libre-service a été lancé en mars 2010 à Toyama, la « Cyclocity ». Il s'appelle « Abille » qui est aussi un mot-valise composé des mots « abeille » et « ville ». « Abille » satisfait bien les besoins des Japonais qui sont soucieux de l'environnement en apportant une solution idéale en termes de développement durable.

ヴェリブというのは「ヴェロ＝自転車」と「リベルテ＝自由」を組み合わせた語です。パリ市役所によってパリに設置されたセルフサービス式の自転車レンタルシステムです。2007年の実施以来、ヴェリブは大成功を収めました。補完的な移動手段であるばかりでなく、ヴェリブは今や、新しい都会での生き方になっています。誰もがいつでも自由に自転車で、街の至る所に、必要に応じ、あるいは気ままに行けるのです。つまりヴェリブは、パリジャンと観光客の大多数にとってアクセス可能な、日常的なサービスになったのです。こうして、パリでこの小さな女王（＝自転車）は大きな飛躍をとげています。

　実際、中心街を移動する人々にとって、ヴェリブは健康を維持し、環境を守る優れた手段なのです。都市部を走る自動車は次第に、交通渋滞を引き起こし、大気を汚染する時代遅れの手段になってしまったことを、ヴェリブが証明しています。パリの街は依然「名所旧跡の街、光の街」であり続けていますが、ヴェリブはパリの街に、発展を続ける現代的な街という別のイメージを付け加えたのです。

　ヴェリブはまた、世界に輸出されています。日本で初めてのセルフサービス式の自転車レンタルシステムは、2010年3月「サイクロシティ」富山で始められています。（「ヴェリブ」と）同じく、「アベイユ＝ミツバチ」と「ヴィル＝街」の合成語である「アヴィレ」と呼ばれています。「アヴィレ」は、環境に配慮する日本人のニーズを十分満たし、持続的発展のための理想的な解決法となっています。

mot-valise	混成語、かばん語
libre-service	セルフサービス
supplémentaire	補完的な
essor	飛躍
embouteillage	渋滞
développement durable	持続可能な発展

Comment utiliser le Vélib' ?

J La prochaine fois que je vais à Paris, j'aimerais bien utiliser un Vélib' car il me semble que c'est un excellent moyen de vivre à la parisienne. Mais n'est-il pas difficile de l'utiliser pour les touristes étrangers ?

F Non, pas du tout. Pour louer un Vélib', tu vas d'abord trouver une station Vélib', t'identifier sur la borne, accéder au menu et choisir un vélo parmi ceux proposés à l'écran. Ensuite, tu n'as qu'à retirer directement ton vélo sur le point d'attache.

J OK, et comment ça marche pour le rapporter ?

F Une fois ton trajet terminé, il te suffit de déposer le vélo dans n'importe quelle station Vélib'. Les stations sont distantes de 300 mètres environ.

J Combien ça coûte ?

F Ça dépend de la formule choisie. Par exemple, le ticket Vélib' pour une journée est à 1,7 euro et celui pour sept jours à 8 euros. La première demi-heure est gratuite. Pour une demi-heure supplémentaire, tu dois compter 1 euro supplémentaire, pour la deuxième, deux euros.

J Non seulement c'est écologique mais c'est économique ! Mais les instructions en français, sont-elles faciles à comprendre ?

F Ne t'inquiète pas ! Les bornes sont équipées d'un ordinateur d'information en 5 langues : français, anglais, allemand, italien et espagnol.

J Le Vélib' facilite vraiment le voyage des touristes français et étrangers !

F Mais fais attention ! Le vélo doit être restitué avant 24 heures. Au-delà, la caution est débitée en partie ou dans sa totalité…

ヴェリブはどうやって使うの？

日 今度パリに行ったらヴェリブを使ってみたいわ。それがパリジェンヌのようにパリで生活するすばらしい方法に思えるから。でも、外国人観光客が使うのは難しいの？

フ いや、ぜんぜん。ヴェリブを借りるには、まずヴェリブのステーションに行って、ボルヌ（利用端末）で身分照会をして、メニューにアクセスして、画面に出てきた自転車の中から1つ選ぶんだ。そうすれば、あとは君の自転車をスタンド（駐輪機）から外せばいい。

日 わかったわ。戻すときはどうするの？

フ 使い終わったら、どのステーションでも置いていけるよ。ステーションは約300メートルおきにあるから。

日 いくらかかるの？

フ 選んだメニューによるけど。例えば、チケットヴェリブだったら、1日で1.7ユーロ、1週間で8ユーロ。最初の30分は無料。次の30分は1ユーロ、その次は2ユーロ。

日 エコロジックなだけでなく、エコノミックなのね。でも説明はフランス語でしょ、わかるかしら。

フ 心配いらないよ。端末はフランス語、英語、ドイツ語、イタリア語、スペイン語の5カ国語で表記されるから。

日 ヴェリブのおかげでフランス人観光客も外国人観光客もずいぶん楽になるわ！

フ でも気をつけて。自転車は24時間以内に返さなくてはいけないよ。それを超えたら保証金の一部、あるいは全部が取られてしまうからね。

31 どうしてに日曜はデパートが閉まっているの？

Pourquoi les grands magasins sont-ils fermés le dimanche en France ?

En France, le code du travail impose le repos dominical et donc, en principe, les grands magasins sont fermés le dimanche. Cependant, en vertu de la loi du 10 août 2009, de nombreuses dérogations sont autorisées pour qu'ils restent ouverts le dimanche. Ces dérogations peuvent être appliquées aux « zones d'intérêts touristiques ». C'est la préfecture qui délimite avec précision ces zones. Le maire peut également autoriser l'ouverture dominicale cinq dimanches par an, ce qui permet aux grands magasins de rester ouverts avant les fêtes et pendant les soldes.

Grâce à la loi Macron adoptée en 2015, on a permis aux Galeries Lafayette, au Printemps, au Bon Marché rive Gauche et au BHV, qui rentrent dans les limites des « zones touristiques internationales », d'ouvrir le dimanche. Mais ces grands magasins parisiens pourraient choisir de ne pas ouvrir leurs portes systématiquement tous les dimanches. En effet, la loi Macron prévoit qu'il est nécessaire d'obtenir un accord des syndicats, notamment pour fixer les compensations versées aux salariés qui seraient privés du repos dominical.

Comme certains dirigeants doutaient de pouvoir obtenir l'accord des syndicats, plus d'un millier de salariés du commerce ont manifesté à Paris pour défendre la vie de famille en protestant contre l'ouverture des magasins le dimanche et la nuit prévue dans certaines zones par la loi Macron. À l'heure d'aujourd'hui, les grands magasins parisiens restent donc fermés le dimanche… du moins pour l'instant.

フランスでは、労働法によって日曜休業が定められているので、原則的にデパートは日曜は閉まってます。しかしながら、2009年8月10日制定の法律によって、日曜営業するための多くの特例措置が認められました。これらの特例は「観光地帯」に適用できます。この地帯の境界を正確に定めるのは、県庁です。市長も1年につき5日間分の日曜営業を許可することができます。これによってデパートは祝祭日休暇前とバーゲン中に営業することができるのです。

　2015年に採決されたマクロン法により、「国際観光地帯」の境界に入る、ギャルリー・ラファイエット、ボン・マルシェ・リヴ・ゴーシュ、BHVは、日曜日に営業することができるようになりました。しかし同時に、これらのパリのデパートは、マクロン法が許可している通り、日曜日営業しない選択をすることも可能でしょう。なにしろ、この法律は、組合の合意を得ることが必要なことも前提としているのです。特に日曜の休息を奪われることになる従業員たちに支払う補償額を決めるための合意です。

　組合の合意を得られることに疑念を抱く経営者もいたように、1,000人以上の商業関係の従業員は、マクロン法によって予定されているいくつかのゾーンの日曜日および夜間の店の営業に反対することで、家族生活を守るため、パリでデモを行いました。ということで、今日の時点で、パリのデパートは日曜日閉まり続けています。少なくとも今のところは。

code	法規
imposer	課する
dérogation	例外
compensation	補償金
dirigeant	経営者

第1章●日常生活
第2章●地理歴史
第3章●現代社会
第4章●文化芸術
第5章●その他

137

En France, comment les dates des soldes sont-elles fixées ?

J J'adore les soldes. Mais c'est quand, exactement en France ?

F En France, les soldes ont lieu deux fois dans l'année, en hiver et en été. Les soldes d'hiver commencent le deuxième mercredi du mois de janvier et les soldes d'été, le dernier mercredi du mois de juin.

J Comment ces dates sont-elles fixées ?

F En France, la loi encadre de manière stricte cette pratique commerciale.

J Tous les produits peuvent-ils être soldés ?

F Non ! Les produits doivent être proposés à la vente depuis au moins un mois avant le jour de début des soldes.

J Les garanties s'appliquent-elles même sur les articles en soldes ?

F Oui, bien sûr ! En cas de vice de fabrication, par exemple si tu as trouvé un défaut de fabrication qui n'était pas apparent, le commerçant doit te rembourser.

J Quelle est la différence entre les soldes et les promotions ?

F Les soldes sont des périodes définies pour écouler les stocks invendus des précédentes saisons. En plus de ces périodes, la loi autorise les commerçants à pratiquer des promotions, pour appâter le consommateur avec par exemple des cartes de fidélité, des échantillons, des primes ou encore des cadeaux. La vente à perte est interdite hors période de soldes.

J Mais pendant la période des soldes, je ne trouve souvent plus ma taille dans les magasins de vêtement…

F C'est parce que pendant les soldes, il est interdit aux commerçants de commander de nouvelles marchandises. Quoi qu'il en soit, profite bien des soldes. Mais n'explose pas ton budget !

バーゲンの日はどうやって決まるの？

日 私バーゲンが大好きなの。でもフランスでは正確にはいつなの？

フ フランスでは、バーゲンは年に2回、冬と夏に行われるよ。冬のバーゲンは1月の第2水曜、夏のバーゲンは6月の最終水曜に始まるよ。

日 これらの日はどうやって決まるの？

フ フランスでは法律によって厳密にこの商行為を規定しているんだ。

日 すべての商品をバーゲンで売ってもいいの？

フ だめ！　まず商品は、バーゲンが始まる前少なくとも1カ月前から売りに出されていなくてはならないんだ。

日 品質保証はバーゲンの商品にも適用されるの？

フ もちろん適用されるよ！　不良品の場合、例えば君が製造上の欠陥を見つけて、それが明示されていなかった場合、お店の人は君に払い戻さないといけないんだ。

日 バーゲンと販促ってどう違うの？

フ バーゲンは前のシーズンで売れ残った在庫品を掃かせるための、明確に定められた期間なんだ。これらの期間のほかに、法律によって小売り業者は、消費者の気を引くために、例えばポイントカード、見本品、景品、プレゼントといった販促を行うことが許可されているんだ。バーゲン期間中以外、仕入れ値以下で売ることは禁止されているよ。

日 でもバーゲンの期間中って、衣料品店で私のサイズがしばしばなくなっちゃうのよね。

フ 実は、バーゲン期間中は、小売り業者は新しく商品を発注することが禁じられているんだ。いずれにしても、バーゲンをうまく活用してね。でも予算オーバーしないようにね！

32 バカロレアって何？
Le baccalauréat, c'est quoi ?

Le baccalauréat, souvent appelé « bac » est un examen qui marque la fin des études secondaires et qui permet d'obtenir un diplôme national pour préparer sa future vie professionnelle. C'est Napoléon Bonaparte qui a créé le bac le 17 mars 1808. Depuis 1970, il débute toujours par une épreuve de philosophie qui dure quatre heures.

Aujourd'hui, il existe trois sortes de baccalauréat : général, technologique et professionnel.

Le baccalauréat général est organisé en trois séries : économique et sociale (ES), littéraire (L) et scientifique (S). L'acquisition de ce premier grade universitaire permet de poursuivre des études supérieures à l'université ou en classe préparatoire aux grandes écoles.

Le baccalauréat technologique associe une formation générale à une formation technologique. Il attache plus d'importance à la poursuite d'études qu'à l'emploi immédiat. La grande majorité de ses bacheliers s'oriente vers des études de technicien supérieur.

Enfin, en passant un baccalauréat professionnel, on peut apprendre directement un métier. Ce diplôme atteste de l'aptitude à exercer une activité professionnelle hautement qualifiée.

Pour avoir un baccalauréat, il faut obtenir une moyenne de dix sur vingt. Une note de douze ou plus donne droit à une mention assez bien, bien ou très bien.

Le taux de réussite à l'examen a beaucoup augmenté au fil des années. En 1970, 67 % des candidats seulement obtenaient leur diplôme, tandis que ces dernières années, le taux de réussite est de plus de 85 %. Certains trouvent que le baccalauréat est devenu trop facile, mais il reste une étape importante et une épreuve très stressante pour les lycéens en France.

しばしば「バック」と呼ばれるバカロレアは中等教育の終わりにあたり、将来の職業生活を準備するための国家資格を取得することができる試験です。実は 1808 年 3 月 17 日に「バック」を創設したのはナポレオン・ボナパルトです。1970 年以来、バカロレアは 4 時間続く哲学の試験から始まります。

　今日、3 つの種類のバカロレアが存在します。普通バカロレア、技術バカロレア、職業バカロレアです。

　普通バカロレアは、3 つの系によって構成されています。すなわち、社会科学系（ES）、人文社会系（L）、自然科学系（S）です。この最初の大学の学位を取得すると、大学やグランゼコールの準備クラスで高等教育を受けることができます。

　技術バカロレアは一般教育と技術教育を結びつけます。すぐに仕事に就くことよりも、学業を続けることに重点を置きます。技術バカロレアの合格者の大部分は主に上級技術者課程に進みます。

　最後に、職業バカロレアに合格すると直接仕事を覚えることができます。この資格は高度な職業に就ける適性を証明します。

　バカロレアを取得するには 20 点中平均 10 点取る必要があります。12 点以上の成績は「可」「良」「優」が与えられます。

　合格者の割合は年々とても増えています。1970 年、合格者は 67％にすぎませんでしたが、近年は 85％を超えています。バカロレアを取得するのはあまりに簡単になったと思う人たちもいますが、それは重要なステップであり、フランスの高校生にとってとてもストレスのかかる試験であり続けていることは確かです。

acquisition	取得
attester	証明する
aptitude	適性

L'épreuve de philo du bac, comment ça fonctionne ?

J Chaque année, le baccalauréat commence par l'épreuve de philosophie. Mais les lycéens disposent de combien de temps pour disserter sur un sujet philosophique ?

F Ils disposent de quatre heures pour rédiger leur copie.

J Comment les candidats choisissent-ils leur sujet ?

F Ils ont le choix entre deux sujets de dissertation et un commentaire de texte. Les sujets portent sur la morale, l'art, la politique ou encore la conscience.

J Quels étaient les sujets au bac en 2016, par exemple ?

F En 2016, les lycéens ont abordé des sujets comme « Nos convictions morales sont-elles fondées sur l'expérience ? », « Le désir est-il limité par nature ? » ou encore « Pourquoi avons-nous intérêt à étudier l'histoire ? ». C'est en philosophie qu'il y a le plus de copies à corriger, car cette épreuve est passée par tous les étudiants inscrits au baccalauréat, quelle que soit leur spécialité. Cette tradition de l'enseignement scolaire de la philosophie nous permet de forger notre esprit critique.

J L'épreuve reine suscite également l'intérêt du public ?

F Oui, au soir de l'épreuve, de nombreuses émissions ou articles sont consacrés aux commentaires des sujets du bac philo. D'ailleurs, les cafés-philo ont beaucoup de succès en France. Tu sais ce que c'est ?

J Non, comment ça marche ?

F Un café-philo n'est pas une conversation informelle dans un bistrot, mais plutôt une séance de discussion organisée avec un sujet choisi. C'est une discussion philosophique ouverte à tous !

バカロレアの哲学試験はどうやって行われるの？

日 毎年、バカロレアは哲学の試験で始まるね。高校生たちは、哲学の主題について論ずるのにどれだけの時間を使えるの？

フ 答案を書くのに4時間使えるよ。

日 受験生はどうやって主題を選ぶの？

フ 2つの小論文の主題と1つのテキスト解説のうち、1つを選ぶんだ。主題は、道徳、芸術、政治、良心に関わるものだね。

日 例えば、2016年のバカロレアの主題はどういうものだったの？

フ 2016年は、高校生たちは「我々の道徳的確信は経験に基づくものなのか？」「欲望は元来限界があるのか？」「なぜ我々は歴史を学ぶほうがいいのか？」という主題に取り組んだんだ。採点しなくてはいけない答案が最も多いのが哲学で、というのは、専門を問わず、バカロレアに登録するすべての学生が受けるからなんだ。この哲学の学校教育の伝統のおかげで、僕たちは批判精神を鍛練できている。

日 一般の人たちも「試験の女王」に関心を持っているの？

フ うん、試験の日の晩には、たくさんのテレビ番組や記事が、哲学の試験のテーマについてのコメントに割かれるよ。さらに、フランスでは哲学カフェが大変な成功を収めている。それは何か知ってる？

日 いいえ、それはどういうもの？

フ 哲学カフェはビストロでくつろいで会話することではなくて、決まったテーマで組織された議論の会だ。みんなが参加できる哲学の議論なんだ。

33 今日のライシテって何？
La laïcité aujourd'hui, qu'est-ce que c'est ?

La laïcité a vu le jour en France avec l'adoption en décembre 1905 d'une loi concernant la séparation des Églises et de l'État. Depuis, la France est un pays laïque qui distingue le pouvoir politique de toute organisation religieuse. En effet, cette loi garantit la liberté de croyance et d'expression des citoyens. Ceux-ci peuvent donc exprimer librement leurs idées à condition de respecter celles des autres et de la loi. Ce respect aurait dû permettre à tous les citoyens de vivre en paix les uns avec les autres.

Pourtant, en octobre 1989, l'expulsion de deux collégiennes en raison du port du foulard islamique en classe a suscité un vif débat. Ces rebondissements ont abouti à la loi du 15 mars 2004 sur la laïcité à l'école, laquelle interdit le port de signes religieux ostentatoires dans les collèges et lycées publics. L'argument de cette loi est qu'il faut protéger les mineurs de toute influence religieuse. Mais pour ses opposants, cette loi constitue un outrage à la liberté individuelle de s'habiller à sa guise et de pratiquer librement sa religion dans la République.

Aujourd'hui, pour expliquer comment la laïcité s'applique à l'école, une charte de la laïcité est affichée dans les écoles primaires et les collèges de France. Cette charte explicite le sens et les enjeux du principe de laïcité pour faire partager les valeurs de la République, dont l'une est le respect de la devise « Liberté, Égalité, Fraternité ».

Reste à résoudre la question de savoir comment cohabiter dans un monde multiconfessionnel et dans une société laïque.

フランスでライシテ（政教分離）が日の目を見たのは、1905年12月に教会と国家の分離に関する法律が可決されたときでした。それ以来、フランスはあらゆる宗教組織から政治権力を切り離すライシテの国なのです。実際、この法律は市民の信教と表現の自由を保障するものです。それゆえ市民は、他者の自由と法律を尊重するという条件において自由に自分の考えを表明できます。この尊重によってすべての市民がお互いに平和に暮らすことが可能になるでしょう。

　しかしながら1989年10月、クラスでイスラムのスカーフをつけていたという理由で2人の中学生が退学させられたことが激しい議論を引き起こしました。この影響で、公立の中学と高校で宗教的なしるしを目立つ形で身に着けることを禁じる、学校におけるライシテに関する2004年3月15日の法律が制定されることになりました。この法律の主旨は、あらゆる宗教の影響から未成年者を守らなければならないということです。しかし、反対派によれば、この法律は、共和国において、好きなように衣類を身に着け、自由に宗教を実践する個人の自由の侵害となります。

　今日、どのようにライシテが学校に適用されているかを説明するために、フランスの小学校と中学校にライシテ憲章が貼られています。この憲章はライシテの原則の意味と争点を明確にしていますが、それは共和国の価値を共有するためで、そのひとつが「自由、平等、友愛」というスローガンを尊重することなのです。

　結局、いろんな宗教が混在する世界とライシテの世界で、どのように共存するのかを知るという問題を、これから解決しなければならないのです。

voir le jour	日の目を見る
expulsion	追放
foulard	スカーフ
susciter	引き起こす
rebondissement	新展開
aboutir à	〜に至る
ostentatoire	これ見よがしの
outrage	侵害
enjeu	争点

Pourquoi le port du voile divise-t-il la société française ?

J Pourquoi les femmes musulmanes portent-elles le voile ?

F Ceux qui sont contre l'interdiction du port du voile mettent en avant la prescription religieuse. Le voile est un des devoirs sacrés qui préserve la réputation de la femme musulmane.

J Mais pour la majorité des femmes qui portent un voile, est-ce vraiment un choix personnel ?

F Ça dépend. En tout cas, le statut de la femme dans l'Islam est souvent la cible d'attaques de la part des médias occidentaux. Pour les opposants au port du voile, c'est un symbole d'oppression et de soumission. Ce ne sont pas les valeurs de la France, pays d'égalité et des droits de l'Homme.

J Autrement dit, au-delà du côté religieux, ce sont les divergences entre les valeurs de la société occidentale et celles de la société islamique qui sont au cœur du problème ?

F Oui. En France, le foulard islamique est perçu comme le signe de l'affirmation d'un refus d'intégration à des valeurs acquises par la société française.

J L'association Amnesty International souligne les difficultés d'accès à l'emploi que rencontrent les femmes musulmanes qui portent le voile...

F En effet, la France est pointée du doigt par cette ONG (organisation non gouvernementale) pour les discriminations dont ces femmes souffrent.

J Dans les faits, si le visage est couvert, est-ce que ça ne rend pas difficile les contrôles d'identité ?

F Face à la montée du terrorisme dans le monde, pour des raison de sécurité, la Suisse a interdit en 2005 le voile intégral dans les lieux publics, tout comme la France, la Belgique et plusieurs pays africains.

どうしてベール着用問題で社会が２つに割れているの？

日 どうしてイスラム教徒の女性はベールを着用するの？

フ ベール着用禁止に反対する人々は、宗教上の規定を強調しているね。ベールは、イスラムの女性の名誉を守る神に対する義務のひとつということなんだ。

日 でもベールを着用している女性の大半にとって、それは本当に本人の選択なの？

フ 場合によるよ。いずれにせよ、イスラム教における女性の地位は、しばしば西洋のメディアから攻撃の的になっているよね。ベール着用に反対する人々にとって、それは女性の抑圧と服従のシンボルなんだ。実際それは、平等と人権の国フランスの価値に反するよね。

日 別の言い方をすれば、問題の中心にあるのは、宗教的側面以上に、西洋社会の価値とイスラム社会の価値の相違なの？

フ うん。フランスでは、イスラム教のベールは、フランス社会の既存の価値に同化することへの拒絶の表明のしるしと受け取られているね。

日 でもアムネスティ・インターナショナルは、ベールを着用する女性のイスラム教徒が直面する、仕事に就くことの難しさを強調しているよ。

フ 確かに、フランスは、これらの女性が差別に苦しんでいることで、この非政府組織に非難されているね。

日 実際のところ、もし顔が覆われていたら、身元の確認が難しくならない？

フ 世界中で高まるテロリズムの脅威に直面して、安全上の理由で、2005年スイスが、フランス、ベルギー、いくつものアフリカの国々と同様に、公共の場でベールで全身を覆うことを禁止したよ。

34 フランス人は今でも教会に行くの？
Les Français vont-ils toujours à l'église ?

La « population catholique » représente à peu près les deux tiers de la population française globale, mais elle perd du terrain progressivement au fil des ans. En effet, bien qu'un nombre encore élevé de Français continuent à se faire baptiser, ces derniers se rendent de moins en moins dans les églises.

Concernant l'influence de l'église dans l'éducation, on peut observer les chiffres de la population étudiante du primaire et du secondaire dans les écoles privées en France (les écoles privées en France étant majoritairement catholiques). En moyenne, depuis vingt ans, seuls 20% des enfants vont dans des écoles privées et sont donc influencés, plus ou moins directement, par les coutumes catholiques. Ces chiffres peuvent expliquer le manque d'intérêt des jeunes Français qui désertent les églises au profit d'autres lieux de rassemblement, tels que les cinémas ou les centres commerciaux.

Les concepts de laïcité et de liberté de culte en France sont complexes et parfois difficiles à comprendre par les plus jeunes générations. Et désormais, avec un flux d'informations incessant à leur portée, les jeunes se font eux-mêmes leur propre idée de la laïcité ; ils ne sont pas obligés, comme l'étaient souvent leurs parents et grands-parents, de se rendre à l'église pour qu'on leur enseigne. Ils ne « subissent » plus l'église et ils n'y vont que quand ils le jugent nécessaire, c'est-à-dire quasiment jamais.

La messe du dimanche matin rassemblant de moins en moins de fidèles au fil des ans, la messe de Noël et de Pâques, ou encore les baptêmes, communions, ou enterrements sont désormais les seules rares occasions où les jeunes Français se rendent à l'église.

「カトリック人口」は、ほぼフランスの人口全体の3分の2で、年々徐々に減少しています。実際、洗礼を受けるフランス人の数はまだ高いままですが、彼らもだんだん教会に行かなくなっています。

　教育における教会の影響に関しては、フランスの私立学校の初等・中等の学生人口数から観察することができます（フランスでは、私立学校の大多数がカトリックなので）。平均すると20年前から、子どもの20%だけが私立学校に行っており、よって、多かれ少なかれ直接、カトリックの慣習に影響を受けています。これらの数字によって、映画や商業センターのようなほかの場所に集まりますが、教会には行かないフランスの若者の無関心を説明することができるでしょう。

　フランスの政教分離と信教の自由の概念は複雑で、最も若い世代には、理解するのがときには難しいです。今や、周囲に絶えず情報の波が押し寄せ、若者は自分で自分自身の政教分離の考え方を作り上げているので、彼らの父母や祖父母がしばしばそうだったように、教会に赴いて、教えを請わなくてはいけないということはありません。彼らはもう教会に「忍従」せず、必要だと判断したときのみ、教会に行く、つまりほとんど行かないということなんですけどね。

　日曜の朝のミサは、年々信者を集めなくなっており、クリスマスと復活祭のミサ、あるいは洗礼、聖体拝領、葬式だけが今や、フランスの若者が教会に行く唯一のまれな機会なのです。

baptiser	洗礼を授ける
déserter	離れる
au profit de	〜のために
culte	信仰
flux	多量
incessant	絶え間ない
subir	耐え忍ぶ
fidèle	信者
baptême	洗礼
communion	聖体拝領
enterrement	葬式

Qui va à l'église en France aujourd'hui ?

J Les touristes étrangers visitent plus les églises que les Français ?

F C'est probablement vrai pour les églises et les cathédrales les plus connues de France, comme Notre-Dame ou la cathédrale de Reims par exemple. Elles sont des symboles historiques et architecturaux pour les touristes étrangers qui viennent les visiter afin de prendre des photos plutôt que pour s'y recueillir.

J Ce n'est pas le cas des « petites » églises de campagne ?

F Non, elles sont exclusivement fréquentées par les habitants des villages où elles se trouvent. On n'y trouve aucune explication traduite en langues étrangères, et elles ne sont donc pas adaptées au tourisme.

J Pourquoi les Français vont-ils de moins en moins à l'église ?

F C'est une question complexe… Il doit y avoir un impact générationnel. Les églises ont de plus en plus de mal à attirer les jeunes générations, ces mêmes générations qui sont élevées par la télévision et Internet dont les flux continus d'informations relaient souvent une mauvaise image de l'église catholique, entachée de nombreux scandales. Il y a peut-être là une relation de cause à effet…

J Au Japon, on va parfois au temple lors d'un rendez-vous amoureux, pour s'acheter un porte-bonheur ou pour prier pour la santé ou la réussite scolaire. Et en France, les jeunes amoureux vont-ils à l'église aussi ?

F La comparaison est difficile. Autrefois, on pouvait rencontrer sa future femme à l'église quand on était enfant de chœur dans la paroisse du village. Aujourd'hui… les jeunes couples français vont plus volontiers dans les grands magasins que dans les églises, et pour s'acheter des vêtements plutôt que des porte-bonheurs !

今日フランスで教会に行っているのは誰？

日 外国人旅行者はフランス人よりもたくさん教会を訪れているの？

フ 例えばノートルダムやランスの大聖堂のようなフランスで最も知られている教会や大聖堂に関しては、おそらくそうだね。そこで瞑想するより、そこで写真を撮りに訪れる外国人旅行者にとって、それらは歴史的、建築的シンボルなんだ。

日 田舎の「小さな」教会はそうじゃないの？

フ うん。こうした教会はもっぱら、その村の住民たちがよく来るんだ。そこには何カ国語にも翻訳された説明書きもないから、観光に対応してないね。

日 フランス人はなぜ教会に行かなくなったの？

フ 複雑な問いだね…世代的なインパクトはあるに違いないね。教会は若い世代を引きつけることがだんだん困難になっているし、まさにその世代はテレビとインターネットで育っていて、それらの情報の絶えざる波が、多くのスキャンダルにまみれたカトリック教会の悪いイメージをしばしば流布していたんだ。実際もしかしたらここに因果関係があるのかも…。

日 日本では、しばしばデートのときに神社仏閣に行くよね。そこでお守りを買ったり、健康や学業成就を祈ったりするよ。フランスでは、若いカップルも教会に行くの？

フ 比較は難しいね。かつては、村の小教区の聖歌隊の子どもだったりして、教会で未来の妻に出会うってこともあったろうけど。今はね…フランスの若いカップルはむしろ教会よりはデパートに喜んで行って、お守りよりはむしろ服を買うよね！

35 フランスの「ストの文化」はどこから来ているの？
D'où vient la « culture de la grève » en France ?

Le droit de grève et le droit syndical ont été inscrits dans le préambule de la Constitution en octobre 1946. Peu après, en 1950, les fonctionnaires ont obtenu officiellement le droit de grève. La loi relative aux conventions collectives et aux procédures de conflits collectifs du travail a été adoptée la même année.

Comme toujours depuis la Révolution, les Français se sont « battus » pour obtenir plus de justice sociale et plus de droits. Le droit de grève est donc un moyen typiquement français de faire entendre la voix du peuple dans la rue et de faire levier contre les injustices et les abus des « puissants » (patrons, politiciens etc.).

Le gouvernement français tente souvent d'imposer ses réformes aux forceps, sans concertation. Or, de par son organisation politique, son histoire et sa culture, le Français n'aime généralement pas les compromis ! La domination souvent arrogante de la majorité sur l'opposition conduit les salariés en colère à descendre dans la rue et à bloquer le système pour obtenir satisfaction. Les Français savent bien que, lorsqu'ils ne peuvent pas se faire entendre, la seule arme qui leur reste est la pression de la rue.

Ils savent aussi par expérience que le blocage paie souvent : quand les marins bloquent les ports, quand les taxis parisiens paralysent les autoroutes, quand les étudiants en colère manifestent bruyamment, le gouvernement recule parfois et accorde en urgence ce qu'il avait refusé.

Il faut cependant relativiser ces « victoires à la Pyrrhus » des manifestations où personne n'a gagné et tout le monde a perdu : du temps, de l'argent (une journée de grève coûte $1/30^e$ du salaire mensuel), et de l'énergie !

ストの権利と組合を作る権利は 1946 年 10 月の憲法の前文に記載されました。少し後の 1950 年、公務員は公式にストの権利を獲得しました。労働協約と労働争議の訴訟手続きに関する法律は同じ年に可決されました。

　フランス革命以来いつもそうですが、フランス人はより多くの社会的正義とより多くの権利を獲得するために「戦って」きました。それゆえストの権利は、街頭で民衆の声を聞かせ、「権力者」（経営者、政治家など）の不正と権力の濫用に抵抗する典型的な手段です。

　フランス政府はしばしば改革を話し合いなしに力づくで押しつけようとします。ところが、フランス人は彼らの政治的な性格と歴史と文化ゆえに妥協することが一般的に好きではないのです！　しばしば傲慢な多数派の反対派に対する支配は、怒るサラリーマンたちを街頭に出て、成果を得るためにシステムをブロックするように仕向けます。フランス人は、自分たちの言い分が聞き入れられないとき、彼らに残された唯一の武器は街頭からの圧力だとよく知っているのです。

　フランス人はまた経験から、ブロックすることは報いられると知っています。つまり、船員が港を封鎖するとき、パリのタクシーが高速道路を麻痺させるとき、怒る学生が大声でデモをするとき、政府は時々後退し、拒否していたことに対してあわてて同意するのです。

　しかしながら、誰も得をしないし、みんな時間とお金（1 日のストにつき月給の 30 分の 1 が支払われない）とエネルギーを失うこのデモのこれらの「割に合わない勝利」を相対的に見なければなりません。

préambule	前文
procédure	訴訟手続き
faire levier	抵抗する
abus	濫用
forceps	鉗子（かんし）
concertation	協議
blocage	封鎖
paralyser	麻痺させる
reculer	後退する
Victoire à la Pyrrhus	ピュロスの勝利（「割に合わない」の意）

Les Français sont-ils vraiment toujours en grève ?

J Vous n'êtes jamais gênés en France avec les grèves ?

F Bien sûr que si ! Lors des grèves, les bus, les trains ou les métros peuvent tous être annulés du jour au lendemain. Il est donc difficile d'aller travailler, ou bien de s'organiser avec les enfants coincés à la maison à cause d'une grève des professeurs.

J Pour le tourisme aussi, c'est pénalisant non ?

F En effet, une grève des taxis ou du personnel d'Air France provoque chaque année des retards, des problèmes ou des annulations de voyage et a un impact négatif sur l'image de la France et des Français dans le monde. Mais ces derniers s'en moquent, ce qui leur importe, c'est leurs conditions de travail ou leurs retraites, pas les états d'âmes de touristes de passage en France.

J Mais ce n'est pas très bon pour l'image du pays…

F Certes, mais les Français sont individualistes et rationnels. Ils se préoccupent moins des problèmes « globaux » de la France que des problèmes de leur vie quotidienne : leur salaire, leur pouvoir d'achat, les impôts ou encore leur retraite…

J C'est un peu égoïste, non ?

F Absolument. Mais en France, la fin justifie souvent les moyens. Depuis la Révolution française, les Français se sont battus pour obtenir leurs droits et leurs libertés en matière de conditions de travail ou de congés payés, et ils ont souvent « gagné » ces droits parce qu'ils avaient manifesté leur mécontentement.

J Au Japon, on ne manifeste pas et on travaille beaucoup sans se plaindre. La « culture de la grève » est très difficilement compréhensible ici.

F Il faut reconnaître que nos deux pays sont vraiment diamétralement opposés sur ce trait culturel !

フランス人は本当にいつもストをしているの？

日 フランスであなたはデモで困ったことは一度もない？

フ もちろんあるよ。ストのときはバスも電車も地下鉄も当日から翌日まで全部止まっちゃうからね。だから仕事に行くのも難しいし、先生がストをして子どもが学校に行けないときは、やりくりするのが難しいよ。

日 観光にとっても不利じゃない？

フ 実際、タクシーやエールフランスの乗務員のストは毎年旅行の遅れ、トラブル、キャンセルを引き起こし、世界でフランスとフランス人のイメージを悪くしている。しかし、フランス人はそんなことを気にかけていない。彼らにとって大事なことは、彼らの仕事の条件や老後のことで、フランスに一時的に滞在している旅行者の気持ちではないんだ。

日 フランスのイメージにとってはよくないよね。

フ 確かに。でもフランス人は個人主義で合理的なんだ。彼らはフランスの「全体的な」問題よりも、毎日の生活の問題、つまり自分の給料、自分の購買力、税金、あるいはまた自分の老後を気にかけている。

日 それって、少しエゴイストじゃない？

フ まったくだね。でもフランスでは目的が手段を正当化するんだ。フランス革命以来、フランス人は労働条件や有給休暇に関して、権利と自由を獲得するために戦ってきた。彼らはしばしば権利を「勝ち取った」のは、彼らがデモをして不満を表明したからなんだ。

日 日本ではデモもしないし、不満を言わずにたくさん働くよ。ストの文化は日本では理解するのがとても難しい。

フ わかるよ。僕たちの2つの国はこの文化的な特色に関してはまったく正反対だということを認めなくてはいけないね！

36 どうしてフランスはテロリストの標的になるの？
Pourquoi la France est-elle dans le viseur des terroristes ?

L'année 2015 a été ponctuée d'attaques terroristes sur le territoire français. Après l'attentat contre *Charlie Hebdo*, Paris a été de nouveau la cible de violences terroristes au Bataclan et au Stade de France, entre autres. Mais pourquoi la France est-elle visée par le terrorisme ? Les anathèmes que les djihadistes lancent contre la France permettent de mettre au jour quelques raisons.

D'abord, dès 2013, l'armée française est intervenue au Mali pour arrêter une offensive de plusieurs groupes djihadistes qui faisaient route vers Bamako, la capitale malienne. Ensuite, depuis 2014, la France participe à la coalition internationale qui mène la guerre contre Daesh en Irak. L'aviation française a également effectué des bombardements. Enfin, depuis 2015, la France a étendu son action à la Syrie. Elle a bombardé des sites d'entraînement utilisés par des volontaires de Daesh cherchant à commettre des attentats en France.

À l'encontre des opérations militaires françaises, le porte-parole de l'État islamique a ainsi déclaré : « Si vous pouvez tuer un incroyant américain ou européen - en particulier les méchants et sales Français - (...) tuez-le de n'importe quelle manière ». Un témoin de l'attaque du Bataclan a entendu les terroristes dire : « C'est la faute de Hollande, c'est la faute de votre président, il n'a pas à intervenir en Syrie. »

Ironiquement, la France est le pays d'Europe qui enregistre le plus grand nombre de recrues au cœur de Daesh. Celles-ci seraient impliquées dans les attentats en France car, pour passer inaperçu dans la société française, il est indispensable d'avoir recours à des personnes qui connaissent bien la géographie française.

2015年は、フランスの領土におけるテロリストの攻撃が立て続けに起こりました。シャルリ・エブド社へのテロの後、再びパリは、とりわけバタクラン劇場とスタッド・ド・フランスにおいてテロの暴力の標的となりました。しかし、なぜフランスはテロの標的となったのでしょうか？　イスラム過激派たちがフランスに対して投げる激しい非難の言葉によっていくつかの理由を明らかにすることができます。

　まず、2013年から、フランス軍は、マリの首都バマコに向かって進行していたジハーディストたちのいくつものグループの攻勢を止めるために、マリに介入しました。次に、2014年以来フランスは、IS（イスラム国）に対するイラクでの戦いを率いる多国籍軍に参加しています。フランス空軍は空爆も行っています。最後に、2015年以来フランスはシリアに軍事行動を拡大しています。フランスは、フランスにテロを仕掛けようとするISの志願兵によって使われていた訓練施設を爆撃しました。

　フランスの軍事行動に反対して、ISのスポークスマンはこのように宣言しました。「もしお前たちがアメリカあるいはヨーロッパの無信仰者を殺すことができるなら——特に意地悪で汚いフランス人たち——（中略）どんな手段でも殺せ」と。実際、バタクラン劇場のテロの証言者の1人はテロリストたちが、「オランドが悪いんだ、お前たちの大統領が悪いんだ、彼はシリアに介入する必要がないんだ」と言うのを聞きました。

　皮肉なことに、フランスはISの中枢に最も多くの新兵を輩出しているヨーロッパの国です。彼らはフランスのテロに関わっているでしょう。というのも、フランス社会の中に気づかれずに潜伏するには、フランスの地理をよく知る人間に頼ることが不可欠だからです。

ponctuer	点を打つ
anathème	激しい非難
intervenir	介入する
Daesh	IS（イスラム国）
aviation	空軍
à l'encontre de	〜に反対して
porte-parole	スポークスマン
impliquer	巻き添えにさせる
avoir recours à	〜に頼る

Pourquoi les terroristes s'attaquent-ils aux lieux festifs en France ?

J En 2016, l'horreur a encore frappé la France. Cette fois, la ville de Nice. 84 personnes sont mortes et il y a eu des centaines de blessés…

F C'était affreux… Parmi les victimes, il y avait aussi beaucoup d'enfants.

J Mais qui et quels lieux sont ciblés lors de ces attaques ?

F La France occupe une place symbolique particulière dans le monde. La devise de la République « Liberté, égalité, fraternité » fait partie du socle des valeurs du monde occidental. Paris est le symbole du pays, et Nice est aussi l'une des villes les plus connues au monde.

J Les terroristes ont donc voulu attaquer les valeurs de la société occidentale ?

F Exactement. À Paris, les attaques ont été menées dans les Xe et XIe arrondissements un vendredi soir. La vie de quartier est festive le week-end. Daesh décrit Paris comme « la capitale des abominations et de la perversion ». Nice est quant à elle une ville associée aux vacances et au plaisir de vivre, et la cible était la foule qui venait d'assister au feu d'artifice du 14 Juillet.

J Alors le Bataclan n'a pas été choisi au hasard par les terroristes ?

F Absolument pas.

J Le stade de France a été choisi pour les mêmes raisons ?

F Oui. En plus, François Hollande, qualifié d'« imbécile » dans le communiqué de Daesh, était aussi dans les tribunes. Les terroristes haïssent et attaquent ce qui est le plus précieux pour nous : la valeur de la France libre, laïque et démocratique.

なぜテロリストはフランスで皆が楽しむ場所を攻撃するの？

日 2016年には、またフランスが、今度はニースの町が恐怖に襲われたけど、84人が亡くなり100人あまりがけがをしたね…。

フ ひどいね…犠牲者の中には子どもも多くいたね。

日 でもテロではどんな人とどんな場所が狙われるの？

フ まずフランスは世界で特別象徴的な場所なんだ。「自由、平等、友愛」という共和国のスローガンは西洋社会の価値の基盤の一部だよね。パリはその国のシンボルで、ニースも世界で最も知られた都市のひとつだし。

日 それじゃあ、テロリストたちは西洋社会の価値を攻撃したかったの？

フ その通り。パリでは、テロは金曜の晩10区と11区で起きたね。この地区は週末お祭り騒ぎのようなんだ。ISはパリのことを「嫌悪と堕落の首都」と描写している。ニースのほうもバカンスと生きる喜びに結びついた都市で、標的となったのは革命記念日の花火を見に来ていた大勢の人々だった。

日 じゃあ、バタクラン劇場はテロリストたちによって偶然選ばれたわけじゃないんだね。

フ 断じてそうじゃない。

日 スタッド・ド・フランスが標的になったのも同じ理由？

フ うん。おまけにISの公式声明の中で「大バカ」と呼ばれているフランソワ・オランドも観客席にいたからね。テロリストたちは僕たちにとって最も大事なもの、つまり政教分離を信条とし、自由で民主的なフランスの価値を憎み、攻撃しているんだ。

37　欧州連合におけるフランスの役割は？
Quel est le rôle de la France dans l'Union européenne ?

Le 9 mai 1950, le ministre des Affaires étrangères français, Robert Schuman, inspiré par un homme politique et économiste du nom de Jean Monnet, a proposé à la France, à l'Allemagne et à d'autres pays d'Europe de réunir au sein d'une même organisation les nations du continent. C'est ainsi que les premiers pas vers une Europe unie ont été effectués. En effet, il y a la volonté de ne plus se faire la guerre et de construire un avenir meilleur car les deux guerres mondiales (1914-1918 et 1939-1945) ont fait des millions de morts et dévasté le continent européen.

Cette proposition a visé à organiser entre ces États une solidarité économique pour créer une base d'intérêts qui rendrait une nouvelle guerre matériellement impossible.

C'est le début de la construction de l'Union européenne. Entre le Traité de Rome en 1957 et l'Acte unique européen en 1986, les gouvernements européens ont mené une grande révolution pacifique.

Puis est arrivée la création de la monnaie unique. Cette monnaie commune, l'euro, a vu le jour en 2002 et elle était censée amener à plus d'unité et de prospérité. Cependant, la crise économique a malheureusement démontré que le système monétaire européen menaçait en réalité l'unité de l'Union européenne toute entière.

Toutefois, même avec les difficultés économiques qui touchent aujourd'hui beaucoup de pays européens, il ne faut jamais oublier le rêve de paix qui a amorcé la création de l'Union européenne. Aujourd'hui, elle compte vingt-huit États membres et son but est toujours de protéger la citoyenneté européenne afin d'assurer le progrès économique et social. Le rôle de la France, pilier de la construction européenne, est immense pour préserver l'existence de l'Union européenne.

1950年5月9日フランスの外相、ロベール・シューマンは、ジャン・モネという名前のフランスの政治家・経済学者に着想を得て、フランスとドイツ、そしてほかのヨーロッパの国々に、1つの同じ組織の中に大陸の国家が結集することを提案しました。統一されたヨーロッパへの歩みはこのようにして実行に移されました。確かにそこには、もう戦争をせずに、よりよい未来を築くという意志があります。なぜなら、2つの大戦（1914年から1918年、1939年から1945年）で何百万人の死者が出て、ヨーロッパ大陸が荒廃したからです。

　この提案は、次の戦争を物理的に不可能にする利害の基盤を作るために、これらの国家の間に経済的な連帯を組織することを狙っていました。

　それが欧州連合の構築の始まりです。1957年のローマ条約と1986年の単一欧州議定書の間に、ヨーロッパの各国政府は平和的な大きな革命を指導しました。

　そして次に統一通貨を導入しました。この共通の通貨、ユーロは2002年に日の目を見、より高次の統一とより大きな繁栄をもたらすと目されました。しかし、経済危機によって、不幸にもヨーロッパの通貨システムが、現実には欧州連合全体を脅かすことが証明されてしまいました。

　とはいえ、今日多くのヨーロッパの国々に影響している経済的な困難があってさえも、欧州連合を始めた当初の平和の夢を決して忘れてはいけないのです。現在、欧州連合には28カ国が参加し、その目的は今も、経済的、社会的進歩を保障するために、ヨーロッパの市民権を擁護することなのです。ヨーロッパ建設の柱であるフランスの役割は、欧州連合の存在を保持するために大きなものになっています。

au sein de	〜の中に
dévaster	荒廃させる
traité	条約
censé	〜とみなされている
citoyenneté	市民権

Qu'est-ce qui a provoqué la crise de l'euro ?

J Quelle est l'origine de la crise de l'euro ?

F La crise de la zone euro était, au départ, une crise de la dette souveraine qui a commencé avec la crise grecque à partir de la fin 2009.

J C'est quoi, la crise grecque ?

F C'est la crise de la dette publique de la Grèce. Elle s'est étendue à certains pays membres de l'Union européenne.

J Pourquoi cette crise s'est-elle produite ?

F D'abord, la crise des subprimes a provoqué énormément de pertes dans les banques privées. Tu te souviens de la faillite de Lehman Brothers en 2008 ? Ce sont surtout les banques américaines et européennes qui ont été touchées. La crise grecque a débuté avec cette crise financière internationale sous l'effet de facteurs propres à la Grèce, tels que le fort endettement et un déficit budgétaire estimé à 13 % du PIB (produit intérieur brut). Le problème, c'est que la Grèce avait fait croire au reste du monde que sa dette n'était pas si colossale.

J La Grèce, qu'est-ce qu'elle a fait pour sortir de cette crise ?

F Elle a pris la décision de hausser les impôts, de baisser les salaires des fonctionnaires et de repousser l'âge de départ à la retraite.

J La France n'est pas menacée par la crise de l'euro ?

F Heureusement, la dette de la France n'atteint pas les niveaux de celle de la Grèce. Mais, le gouvernement a décidé de prendre des mesures pour que cette dette n'augmente pas.

何がユーロ危機を引き起こしたの？

日 ユーロ危機の発端って何なの？

フ ユーロ圏の危機は、もとはと言えば、2009年からのギリシャ危機とともに始まった国の負債による財政危機だったんだ。

日 ギリシャ危機って？

フ ギリシャの公的負債の危機だよ。それがEUのメンバーのいくつかの国に広がったんだ。

日 どうしてこの危機が起こったの？

フ まずサブプライム危機が、民間銀行に多大な損失を引き起こしたんだ。2008年のリーマン・ブラザーズの破綻を覚えている？　アメリカとヨーロッパの銀行が特に影響を受けたんだ。ギリシャ危機は、この国際的な財政危機とともに始まったんだけど、大きな負債と国内総生産の13％と見積もられていた赤字予算といったギリシャ固有の要因によって引き起こされた。問題は、ギリシャが自身の借金がそんなに莫大じゃないと、世界のほかの国々に信じ込ませていたことなんだ。

日 ギリシャはこの危機を脱するために何をしたの？

フ 税金を上げ、公務員の給料を下げ、退職する年齢を引き上げる決定を下したね。

日 フランスはユーロ危機に脅かされていないの？

フ 幸い、フランスの負債はギリシャのレベルに達していない。だけど、政府は、この負債が増えないよう策を講じることに決めたよ。

キーワード③

Club Dorothée

　1987年9月に「クラブドロテ (Club Dorothée)」という番組がTF1(テレビ局)で始まった。「クラブドロテ」は、ドロテという女性司会者を起用したバラエティー番組で、そこで日本のアニメが大量に放映されることになった。別の局で放映されていたGoldorak（原題は「UFOロボ・グレンダイザー」）がすでに日本のアニメ放映の口火を切り、人気のある定番作品がいくつか存在していたが、「クラブドロテ」では、まだ知られていなかったアニメ作品が次々と発掘された。TF1は、フランス社会を自由競争によって再建するというミッテラン政権の政策の一環として民営化されたばかりで、民営化によって出現した放送時間の空白を埋めるために、すぐに使える作品が緊急に必要だったのだ。日本のアニメは、安上がりで品揃えが豊富で、番組用コンテンツの宝庫だった。

famille recomposée

　「複合家族」を具体的にイメージするにはセドリック・クラピッシュ監督の映画『ニューヨークの巴里夫』を見るとよいだろう。主人公のグザヴィエが元カノと再会するが、それぞれ別れた相手との間にできた子どもがいて、最後にお互いの子どもを連れたまま合流するという話。フランスでは離婚した後も、子どものために、苦々しい思いをしながら別れた相手やその新しい家族とバカンスなどでを一緒に過ごさなければならないこともよくある。複合家族を営むためには、親のほうも精神的にタフでなくてはならないが、そういう複雑な関係を生きることで、人に共感でき、本当の寛容さが身につくとも言える。

TGV

　フランスの新幹線と言われるTGV、Train à Grande Vitesse（とても速い電車）を意味する。名前が表わすように、TGVは世界の高速列車の王者（非浮上式部門）として君臨している。2007年4月に公式走行試験で574.8km/hを樹立し、記録を更新した。一方、2000年代に入って、フランスにおいても格安航空会社が台頭し、運賃面でTGVの優位性がなくなりつつあり、競争力強化のためオンライン予約やクレジットカード決済などを取り入れた格安サービスも導入されている。

mariage pour tous

　同性婚を合法化する法案が形になって以来、フランスはまっぷたつに割れ、賛成派と反対派が交互に数十万人規模のデモを繰り広げ、議会では議員たちが乱闘寸前になるまで過熱した。反対派は、家族が生物学的に自然なモデルに沿ってほしいと望み、賛成派は、人工生殖技術に頼っても、自らの欲望に準じた新しい家族形態を創り出すことを求めた。また、地方の中流階級の人たちも反対派のデモに加わったが、彼らは、リベラルな価値観が絶対だと信じるパリを中心とした進歩的な人たちにないがしろにされていると感じたからなのだった。

énergie renouvelable

　2016年11月4日に「パリ協定」が発効し、アメリカと中国をとりこんで、地球温暖化対策の国際的な枠組みがスタートした。フランスは、この動きに先駆けて、再生エネルギーの割合を増やすだけでなく、フランスの各都市を環境にやさしい町につくり変えている。レンタル自動車システムを稼働させ、町の中心への車の乗り入れを規制し、市民の足として近未来的なデザインのトラム（路面電車）を走らせている。その象徴的な町がボルドーで、近年フランス人の最も住みたい町として名前が挙げられいる。ちなみに、「再生可能」と一緒によく使われる「持続可能性」はフランス語で soutenabilité (durabilité)。

grand(s) magasin(s)

　パリのデパートと言えば、オペラ座界隈にある「オ・プランタン」と「ギャルリー・ラファイエット」、世界最初のデパートと言われる「ボン・マルシェ」など知られている。パリのデパートの歴史は19世紀半ばにさかのぼる。デパートは、ナポレオン3世によるパリ改造の時期に急成長し、第三共和政下において巨大な新館が次々と建設された。エミール・ゾラは、当時のデパートの発展を『ボヌール・デ・ダム百貨店』という小説の中で活写している。デパートは、豪華な店内に陳列された魅惑的な商品と、薄利多売方式などの近代的商法によって女性客を集め、容赦ない価格競争によって近隣の老舗商店を駆逐しながら発展していった。

キーワード③

baccalauréat

　バカロレアは、大学入試資格を得るためのフランスの統一国家試験のことで、初日に哲学の試験が行われる。朝8時から正午までの4時間、与えられたテーマから選んで、論述する。この哲学の試験を創設したのはナポレオンで、哲学を深く学ぶことで、人は自由に思考できると考えた。この自由な思考こそが市民社会の基盤となる。試験では、哲学史上の議論を踏まえながら、自分自身の議論を展開しなければならない。その徹底的な思考訓練が、フランス人の議論好きや哲学カフェの隆盛の下地になっていると言えるだろう。

文化芸術

第4章

Arts et Cultures

38 どうやってマンガはフランスに根づいたの？
Comment le manga a-t-il fait son entrée en France ?

Le mot « manga » désigne en japonais les bandes dessinées en général. En français, ce terme indique les bandes dessinées japonaises, et au sens large, les bandes dessinées non-japonaises suivant les codes des productions japonaises.

Les jeunes Français adorent les mangas. Les mangas appartiennent actuellement à la culture populaire en France où ils ont eu un énorme succès. En effet, la France occupe le deuxième rang des pays qui consomment le plus de mangas dans le monde, juste derrière le Japon. L'histoire de la bande dessinée japonaise en France a débuté en 1993 avec la publication de *Dragon Ball*. Le terrain était déjà préparé par les dessins animés japonais. En effet, à la fin des années 70, les chaînes nationales de télévision ont décidé de profiter de dessins animés japonais pour combler leurs plages horaires à forte audience chez les jeunes. Heureusement, les productions japonaises avaient déjà fait leurs preuves au Japon, elles étaient abondantes, variées et en plus elles étaient bon marché, car leurs coûts de production étaient bien moins chers que ceux des dessins animés occidentaux. C'est ainsi que les premiers dessins animés japonais sont apparus en France. Devant le succès des émissions pour la jeunesse sur Antenne 2 et La Cinq, TF1 a décidé de lancer en 1987 l'émission *Club Dorothée*. TF1 s'est appliquée dès lors à importer du Japon les dessins animés à succès du moment. Toutefois à la même époque, ces dessins animés ont été vivement critiqués pour la raison qu'ils étaient excessivement violents.

Contrairement au succès colossal que connaissent les mangas sous forme de volumes reliés, les dessins animés japonais apparaissent aujourd'hui rarement à la télévision française, à cause de leur mauvaise réputation.

「マンガ」という言葉は日本語で「バンド・デシネ」一般を指しますが、フランス語では日本のバンド・デシネと、広い意味で、日本の制作作法に従った非日本製のバンド・デシネを指します。
　若いフランス人はマンガが大好きです。マンガは今やフランスのポップカルチャーに属し、大きな成功を収めました。実際フランスは、日本に次いで、世界で2番目のマンガの消費国になっています。フランスにおけるマンガの歴史は、1993年の『ドラゴンボール』の出版によって始まりました。その土壌は日本のアニメによってすでに準備されていました。とういうのも、1970年代の終わりには、国営のテレビ放送局が、多くの若い視聴者が視聴する時間帯を埋めるために、日本のアニメを活用することを決めました。幸運なことに、日本の作品は日本ですでに人気がありましたし、それらは数が豊富で、種類も多く、さらに安かったのです。というのも、日本の作品は、欧米の作品よりも、制作費が安かったのです。このようにして最初の日本のアニメ作品がフランスに登場しました。アンテンヌ2とラ・サンクの若者向けの番組の成功の前に、TF1が1987年に「クラブ・ドロテ」という番組を始めることを決めました。TF1はそのときから当時成功したアニメを日本から輸入することに専念しました。しかしながら、同じ時期に、これらのアニメが暴力的すぎるという理由で激しく批判されたのでした。
　単行本という形をとったマンガの著しい成功とは裏腹に、この悪評のせいで日本のアニメはフランスのテレビでめったに見かけなくなりました。

au sens large	広い意味で
combler	埋める
plage	時間帯
s'appliquer à	〜に専念する
colossal	巨大な
réputation	評判

Quelle est la différence entre les mangas et les bandes dessinées ?

J Les jeunes Français adorent les mangas, tout comme les jeunes Japonais. Mais en France, il existait déjà des bandes dessinées bien avant l'introduction du manga, n'est-ce pas ?

F Oui. La bande-dessinée a pris son essor au début du XXe siècle. Le journal *Vaillant* favorisait la découverte des grands talents « gaulois » de la bande dessinée à partir de 1945. Tu n'as jamais entendu parler d'*Astérix* ?

J C'est quoi ?

F C'est une bande dessinée créée en 1959, qui raconte la lutte d'un petit village gaulois contre l'envahisseur, peu après la conquête romaine. Tout le monde la connaît en France. Près de Paris, il y a même un parc d'attraction portant son nom…

J Il n'y a pas de bandes dessinées européennes connues au Japon ?

F Par exemple, *Tintin*, paru en 1946 en Belgique ?

J Je connais ! Y a-t-il des différences entre les mangas japonais et les bandes dessinées franco-belges ?

F La différence la plus marquée est le sens de lecture. La langue japonaise se lit de droite à gauche, à l'inverse du français.

J Les mangas parus en France sont tous traduits du japonais en français ?

F La plupart d'entre eux est composée de titres déjà parus au Japon dont les droits ont été acquis. Mais les jeunes auteurs français nourris de manga japonais sont de plus en plus nombreux. Les *One Piece* et *Dragon Ball* de demain seront peut-être « made in France », qui sait ?

日本のマンガとバンド・デシネの違いは何？

日 若いフランス人は若い日本人のようにマンガが大好きよね。フランスにはマンガがフランスに入るずっと前からバンド・デシネがあったのよね。

フ そうだよ。バンド・デシネは20世紀の初めに飛躍をとげたんだ。ヴィアン紙は、1945年からバンド・デシネの「ガリア人の」偉大な才能の発見に貢献したよ。『アステリクス』って聞いたことない？

日 それ何？

フ 1959年に描かれたバンド・デシネだよ。古代ローマの征服の直後、小さなガリアの村と侵略者との戦いが展開するんだ。でもフランスではみんな知っているし、ほかにはパリの近くに同じ名前のテーマパークがあるよ。

日 日本でも知られているヨーロッパのバンド・デシネはないの？

フ 例えばベルギーで1946年に出た『タンタン』は？

日 それは知ってるわ！　実際、日本のマンガとフランスとベルギーのバンド・デシネの違いは何？

フ 最も顕著な違いは読む方向だね。日本語は右から左に読むけど、フランス語は逆だ。

日 フランスで出たマンガは、すべて日本語からフランス語に訳されているの？

フ それらの大部分は、すでに日本で出ている作品で、版権が買われたもので構成されているよ。しかし日本のマンガで育った若いフランスのマンガ家がだんだんと増えているよ。未来の『ワンピース』と『ドラゴンボール』の作者は「フランス製」になるかもね。

39 フランス映画はどういうイメージなの？
Quelles sont les spécificités des films français ?

D'après un sondage sur l'image des films français dans le monde entier, ils sont autant appréciés que les films américains et les films britanniques. Le cinéma français bénéficie d'une excellente image à travers le monde. La beauté et l'originalité des œuvres cinématographiques françaises restent mondialement reconnues.

Le cinéma français est avant tout un cinéma esthétique, émouvant et intelligent. En même temps il est considéré comme intimiste, drôle et captivant.

Par contre, on lui trouve aussi des défauts. Certains disent qu'il est triste, compliqué, élitiste, bavard ou encore ennuyeux. On lui reproche son atmosphère pesante, son manque d'action, sa lenteur et son sérieux.

Mais ce sont plutôt des reproches liés à une image qui a été portée par le grand succès de la Nouvelle Vague, laquelle a ouvert en 1958 la voie au mouvement mondial des nouveaux genres de cinéma. Ces « nouvelles vagues » ont revendiqué une nouvelle écriture cinématographique en proposant une vision novatrice de la réalité sociale. En un mot, c'était difficile à comprendre !

Ce que les spectateurs étrangers apprécient le plus dans les films français, ce sont les acteurs et les réalisateurs. Du côté des acteurs, c'est Gérard Depardieu qui arrive en tête, devant Jean Reno, Alain Delon, Catherine Deneuve et Audrey Tautou. Les films français les plus connus à l'étranger sont *Le fabuleux destin d'Amélie Poulain*, *Intouchables*, *Taxi* et *Léon*. Assez logiquement, le réalisateur le plus connu est donc Luc Besson, devant François Truffaut, Jean-Luc Godard, Roman Polanski et Jean Renoir.

Heureusement, grâce à ces « nouveaux » films, la plupart des étrangers ne considèrent plus le cinéma français comme bavard et ennuyeux !

世界全体におけるフランス映画のイメージに関する調査によると、アメリカやイギリスの映画と同じくらい評価されています。フランス映画は世界中ですばらしいイメージで見られています。フランス映画の美しさとオリジナリティは今も世界中で認められています。

　フランス映画は何よりも審美的で、感動的で、知的ですが、同時に、内面的で、愉快で、人を虜にするとみなされています。

　逆に欠点もあります。それは悲しくて、複雑で、エリート主義的で、おしゃべりが多く、さらには、退屈だと言う人もいます。重苦しい雰囲気、動きのなさ、緩慢さ、シリアスさが非難されているのです。

　しかし、これらはむしろ、1958年に新しい映画のジャンルの世界的な運動への道を開いたヌーヴェル・ヴァーグの大きな成功によってもたらされたイメージと結びついた批判です。これらの「ヌーヴェル・ヴァーグ」は社会的な現実の革新的なヴィジョンを提供しながら、映画の新しいエクリチュールを要求しました。ひと言で言えば、理解するのが難しかったというわけです！

　外国の観客がフランス映画において最も評価するのは俳優と監督です。俳優に関しては、ジェラール・ドパルデューがトップに来て、ジャン・レノ、アラン・ドロン、カトリーヌ・ドヌーヴ、オドレイ・トトゥが続きます。外国で最も知られているフランス映画は『アメリ』『最強のふたり』『タクシー』『レオン』。ゆえに、当然のこととして、最も知られている監督はリュック・ベッソンで、フランソワ・トリュフォー、ジャン＝リュック・ゴダール、ロマン・ポランスキー、ジャン・ルノワールが続きます。

　幸運なことに、これらの「新しい」映画のおかげで、大半の外国人はフランス映画を退屈で、おしゃべりとは思わなくなっています！

sondage	調査
captivant	魅了する
revendiquer	要求する
novateur	革新的な

Quels sont les acteurs français les plus appréciés à Hollywood ?

J Au fait, il y a beaucoup d'acteurs français qui sont devenus des stars à Hollywood ?

F Oui, les comédiens français qui ont tenté leur chance outre-Atlantique sont nombreux.

J Il y en a beaucoup qui ont remporté un Oscar ?

F Pas beaucoup, non. En 1960, l'Oscar de la meilleure actrice est revenu à Simone Signoret pour son interprétation dans *Les Chemins de la haute ville*. Cela lui a valu plusieurs rôles importants aux États-Unis.

J Et après ?

F En fait, les stars françaises avant les années 1990 ne faisaient que des incursions dans le cinéma américain. Mais Isabelle Adjani a quand même été nommée deux fois pour l'Oscar d'interprétation, en 1976 pour *L'Histoire d'Adèle H* (François Truffaut), et en 1990 pour *Camille Claudel*.

J Mais elle n'a pas remporté de statuette ?

F Malheureusement non. Gérard Depardieu a été aussi nommé en 1990 pour l'Oscar du meilleur acteur pour son rôle dans *Cyrano de Bergerac*. Mais il lui a échappé...

J Alors, il n'y a que Simone Signoret qui a reçu un Oscar ?

F Heureusement non ! En 1997, Juliette Binoche a remporté l'Oscar du meilleur second rôle féminin pour *Le Patient anglais*. Ensuite, en 2008, c'est Marion Cotillard qui a emporté la statuette de la meilleure actrice pour son rôle d'Édith Piaf dans *La Môme*. Enfin, en 2012, Jean Dujardin a remporté l'Oscar du meilleur acteur pour sa performance dans *The Artist*. Il est devenu le premier acteur français oscarisé !

ハリウッドで最も評価されている俳優は誰？

日 実際のところ、ハリウッドスターになったフランスの俳優はいるの？

フ いるよ。大西洋の向こうに運試しに行くフランスの俳優は多い。

日 それじゃあ、オスカーを取った人は多い？

フ あまり多くないね。まず1960年に、『年上の女』の演技で主演のシモーヌ・シニョレが主演女優賞を受賞したんだ。そのおかげで彼女はアメリカでいくつかの重要な役をもらったんだ。

日 その後は？

フ 実のところ、1990年代以前のフランスのスターたちはアメリカ映画に端役で出演しただけだった。それでもイザベル・アジャーニが1976年の『アデルの恋の物語』と1990年の『カミーユ・クローデル』で2回ノミネートされたよ。

日 でもオスカー像はもらえなかったわけね。

フ 残念ながらもらえなかった。ジェラール・ドパルデューが1990年に『シラノ・ド・ベルジュラック』で主演男優賞にノミネートされたけど、逃してしまった。

日 それじゃあ、オスカーを取ったのはシモーヌ・シニョレだけ？

フ 幸運なことにそうじゃない。1997年にジュリエット・ビノシュが『イングリッシュ・ペイシェント』で助演女優賞を取った。そして2008年にはマリオン・コティヤールが『エディット・ピアフ〜愛の賛歌』のエディット・ピアフ役で主演女優賞を、そしてついにジャン・デュジャルダンが『アーティスト』の演技で主演男優賞を取った。彼はオスカーを取った初めての俳優になったんだ。

40 フランス人のお気に入りの歌手って誰？
Qui sont les chanteurs(ses) préféré(e)s des Français ?

Les chanteurs et chanteuses que les Français préfèrent sont, en général, inconnus du grand public japonais.

Selon les sondages, en 2015, ce sont Édith Piaf, Barbara et Céline Dion qui occupent le podium chez les femmes. Les chanteuses préférées des Français sont ensuite Mylène Farmer (4e place), Nolwenn Leroy (5e), Zazie (6e), France Gall (7e), Vanessa Paradis (8e), Patricia Kaas (9e) et Véronique Sanson (10e). On peut affirmer que sur les dix chanteuses préférées des Français, les Japonais n'en connaissent « que » quatre : Édith Piaf, Céline Dion, France Gall et Vanessa Paradis laquelle est plus connue au Japon en tant qu' ex-femme de Johnny Depp que pour sa carrière dans la musique.

Pour les chanteurs c'est la même rengaine : la plupart des Japonais n'ont jamais entendu parler de Jean-Jacques Goldman, ni de Brassens ou de Renaud, qui sont pourtant en tête de ces classements depuis plus de dix ans. Ils reconnaissent parfois vaguement le nom de Serge Gainsbourg et de temps en temps celui du chanteur belge Stromae qui a fait son apparition dans de nombreux classements récemment.

Pour en avoir le cœur net, il suffit de se rendre au karaoké au Japon et de chercher à chanter des chansons en français. On se rend alors vite compte du manque de choix et de l'ancienneté des morceaux proposés : *les feuilles mortes* d'Yves Montand, *poupée de cire, poupée de son* de France Gall ou *La vie en rose* d'Édith Piaf influencent encore aujourd'hui les esprits japonais quand on parle de « chanson » française.

フランス人が好きな歌手は一般的に日本では知られていない人です。
　調査によれば、2015年の女性歌手では、エディット・ピアフ、バルバラ、セリーヌ・ディオンが女性の上位を占めています。それに続くフランス人のお気に入りの女性歌手はミレーヌ・ファルメール（4位）、ノルウェン・ルロワ（5位）、ザジ（6位）、フランス・ギャル（7位）、ヴァネッサ・パラディ（8位）、パトリシア・カース（9位）、ヴェロニック・サンソン（10位）。フランス人たちのお気に入りの10人の女性歌手のうち、日本人が知っているのは、エディット・ピアフ、セリーヌ・ディオン、フランス・ギャル、そして、日本では音楽のキャリアより、ジョニー・デップの元妻としてのほうが有名なヴァネッサ・パラディの4人「だけ」と断言できます。
　男性歌手の場合も同じことです。日本人の大部分は、ジャン＝ジャック・ゴールドマンのことも、ブラッサンスあるいはルノーのことも聞いたことがまったくないでしょうが、しかしながら彼らは10年以上前からこれらのランキングのトップにいるんです。何となくセルジュ・ゲンズブールの名前や、最近いくつものランキングに姿を現したベルギー人歌手のストロマエの名前がわかる日本人も時々います。
　納得するためには、日本でカラオケに行って、フランス語の歌を歌ってみるだけで十分です。そうすれば選択肢の少なさと提示された曲の古さにすぐに気づきます。フランスの「シャンソン」を語るとき、イヴ・モンタンの「枯葉」、フランス・ギャルの「夢見るシャンソン人形」、エディット・ピアフの「バラ色の人生」は今日もなお日本人の魂に影響を与えています。

podium	表彰台
rengaine	決まり文句
en avoir le cœur net	はっきり確認する
se rendre compte de	〜に気がつく

> **Pourquoi les chanteurs français actuels ne sont pas connus au Japon ?**

J Peu des chanteurs préférés des Français sont réellement connus au Japon. Qu'est-ce que tu en penses ?

F La couverture médiatique concernant les chanteurs au Japon concerne principalement les chanteurs japonais et anglophones. Les chanteurs français ne sont donc que très peu représentés. Par exemple, des chanteurs français populaires en France comme Matthieu Chédid (-M-) ou Julien Doré sont venus faire des concerts au Japon où il n'y avait que très peu de spectateurs.

J C'est un problème de génération ?

F C'est difficile à dire. Il faut reconnaître que de nombreux Japonais de plus de cinquante ans connaissent encore le nom de certains chanteurs français, alors que les jeunes générations de Japonais n'ont jamais entendu parler ni de Serge Gainsbourg, ni d'Édith Piaf. Il faut prendre en compte également le fait que beaucoup de chansons françaises sont des « chansons à texte », privilégiant le sens des paroles à la mélodie ou au style musical : il est donc plus compliqué de s'intéresser à ce genre de chanson tant la compréhension de la langue française constitue une barrière pour les Japonais.

J On dit aussi que les jeunes Français apprécient principalement les chanteurs qu'ils voient à la télé. C'est vrai ?

F On ne peut pas le nier, l'impact d'émissions de télé telles que « The Voice » ou « À la recherche de la nouvelle star » est grand sur les 12-25 ans. Les jeunes Français aujourd'hui ne se préoccupent plus tant de la voix ou des textes que de l'apparence et de la « gueule » de leur chanteur ou chanteuse préféré(e).

どうして今のフランスの歌手は日本で知られていないの？

日 フランス人お気に入りの歌手は、日本で本当にほとんど知られてないね。このことについてどう思う？

フ 日本での歌手に関するメディア報道は日本と英語圏の歌手を主に紹介している。だから最近、フランス人の歌手は日本のメディアでは本当に少ししか出てこない。例えば、フランスでは人気のあるマチュー・シェディッド（-M-）やジュリアン・ドレが日本にコンサートに来たけど、本当に少ししか観客がいなかった。

日 世代的な問題？

フ 説明するのは難しいね。50歳以上の多くの日本人はまだフランス人歌手の何人かの名前を知っているけど、若い世代の日本人はセルジュ・ゲンズブールの名前もエディット・ピアフの名前も聞いたことがない、ということは認めなければいけないね。またフランスの歌の多くが、メロディーや音楽スタイルよりも、歌詞の意味を重要視する「シャンソン・ア・テクスト」であるということも考慮に入れないといけない。だから、この種の歌に興味を持つことはより難しい。それほど、フランス語ができないことが、日本人にとって障害になっているんだ。

日 フランスの若者は、彼らがテレビで見ている歌手を主に評価するとも言われているけど、本当？

フ 否定はできないね。「ザ・ボイス」や「新しいスターを探して」のようなテレビ番組の影響は12歳から25歳に対して大きい。今のフランスの若者は好きな歌手の見かけや「顔」ほど、声や歌詞をそんなにもう重要視しないんだ。

41 『星の王子さま』はなぜそんなに人気があるの？
Pourquoi Le Petit Prince est-il si populaire ?

Dernier livre d'Antoine de Saint-Exupéry, Le Petit Prince a été publié en anglais en 1943, et en français en 1945. Il a depuis été traduit en 270 langues et est devenu un phénomène planétaire. Avant d'être détrôné par Harry Potter, il se situait longtemps au troisième rang des livres les plus vendus dans le monde derrière la Bible et Le Capital de Marx !

« On ne voit bien qu'avec le cœur. L'essentiel est invisible pour les yeux. » Cette citation célèbre éveille en nous des émotions très fortes. Ou encore « S'il vous plaît... Dessine-moi un mouton. » Nul n'ignore cette fameuse phrase du « petit bonhomme », adressée d'emblée au pilote égaré dans le désert. Vous souvenez-vous du personnage et du petit mouton dessinés sur le livre ? Aviateur pour l'armée française, Antoine de Saint-Exupéry a lui-même illustré Le Petit Prince.

L'œuvre a également été adaptée au cinéma, à la télévision, sous forme d'opéra et de comédies musicales. Le succès du Petit Prince s'explique par le fait que ses réflexions philosophiques, simples mais tellement profondes, touchent tout le monde. Mais on parvient en même temps à y trouver un certain charme mélancolique et un art du bonheur simple et essentiel. Le Petit Prince, plus qu'un conte pour enfants, est avant tout une grande et belle histoire d'amour. L'amour sans condition est un thème compréhensible partout dans le monde, qui parle à tous les hommes, à toutes les cultures et à tous les âges. Pour preuve, on a tous notre propre Petit Prince en soi.

アントワーヌ・ド・サン＝テグジュペリの最後の作品『星の王子さま』は1943年に英語で、1945年にフランス語で発表されました。それ以来、『星の王子さま』は270の言語に翻訳され、世界的なブームになりました。『ハリー・ポッター』に王座を奪われるまで、聖書とマルクスの『資本論』に次ぐ、世界で最も売れた本の3番目の地位を長い間保っていました。

　「心で見ないとよく見えない。肝心なものは目では見えない」。この有名な引用は私たちの中に強い感動を呼び起こします。さらに「お願いします。僕に羊を描いて」。砂漠をさまようパイロットに突然に向けられた「小さな坊っちゃん」のこの有名な台詞を知らない人はいないでしょう。あなたは本に描かれた作中人物と小さな羊の絵を覚えていますか？　フランス空軍のパイロットであったアントワーヌ・ド・サン＝テグジュペリは『星の王子さま』のイラストも描きました。

　この作品は映画やテレビで、オペラやミュージカルにも脚色されています。『星の王子さま』の成功は、その哲学的な思索がシンプルでありながら、とても深いので、みんなを感動させているという事実によって説明がつきます。しかし同時に読者はその作品に一種のメランコリックな魅力とシンプルで本質的な幸福に至るすべを発見することになります。『星の王子さま』は子ども向けのお話以上の作品であり、何よりも偉大な美しい愛の物語なのです。無償の愛は、すべての人間、すべての文化、すべての年齢層に訴えかける、世界中で理解可能なテーマです。その証拠に、人は皆自分の中に自分だけの「小さな王子」を持っているのです。

détrôner	王座を奪う
nul〜ne	誰も〜ない
d'emblée	ただちに
égaré	道に迷った
parvenir à	〜に至る

Qui était Saint-Exupéry ?

J J'adore *Le Petit Prince* ! Son univers tendre et poétique fait partie de mes jolis souvenirs d'enfance… En revanche, je connais peu la vie d'Antoine de Saint-Exupéry, son créateur.

F Il est né en 1900 à Lyon. Passionné d'aviation dès l'enfance, il a fait son baptême de l'air à 12 ans et obtenu son brevet de pilotage à 21 ans.

J Il était aussi un très grand aviateur ?

F Oui. Dans un entretien de 1939, il affirme : « Pour moi, voler ou écrire, c'est tout un ». Ses deux passions n'auraient su être séparées.

J Alors, dans des romans comme *Courrier Sud* et *Vol de nuit*, ce sont ses expériences d'aviateur qu'il raconte ?

F Je crois… Dans les années 1930, il parcourt le monde entier et décrit en 1939 ses voyages dans l'ouvrage *Terre des hommes*.

J En quelle année *Le Petit Prince* a-t-il été publié ?

F Ce conte pour enfants a été publié en 1943 à New-York. En fait, lorsque Saint-Exupéry le rédigeait, le monde était en pleine guerre. Il a disparu en 1944 au-dessus de la Méditerranée lors d'une mission. Sa gourmette et les restes de son appareil n'ont été retrouvés que 55 ans plus tard !

J Mais comment a-t-il disparu ? C'est toujours un mystère ?

F Non ! Enfin, en mars 2008, un ancien pilote allemand a affirmé avoir abattu son avion. Il a déclaré : « Si j'avais su qui était assis dans l'avion, je n'aurais pas tiré. Pas sur cet homme. » Car il admirait l'écrivain !

サン＝テグジュペリってどんな人だっけ？

日 私『星の王子さま』大好き！　彼の優しくて詩的な世界は私の子ども時代の美しい思い出の一部になっているわ…。だけど、有名な『星の王子さま』の作者、サン＝テグジュペリの人生についてはほとんど知らないわ。

フ 彼は1990年にリヨンで生まれたんだ。子どものときから飛行機に熱中していた。彼は12歳のときに初めて飛行機に乗り、21歳で飛行機の免許を取った。

日 彼は偉大な飛行家でもあったわけね。

フ そうだよ。彼が、「私にとって、飛ぶことと書くことはまったく1つのことだ」と断言しているように、2つの情熱は切り離せないものだったんだろうね。

日 それじゃ、彼は『南方郵便機』や『夜間飛行』のような小説で、彼の飛行家の経験を語っているのね。

フ そう思うよ。1930年代、彼は世界中を飛び回って、1939年に『人間の土地』という小説で旅について書いた。

日 それじゃ、『星の王子さま』はいつ刊行されたの？

フ この子ども向けのお話は1943年にニューヨークで刊行されたんだ。サン＝テグジュペリが執筆していたとき、世界は戦争の真っ只中だった。彼は1944年にミッションの最中に地中海の上空で行方不明になった。彼のブレスレットと飛行機の残骸は55年たってようやく見つかったんだ！

日 でも彼はなぜ行方不明になったの？　相変わらず謎のままなの？

フ 違うよ！　ついに2008年の3月にドイツ人の元パイロットがサン＝テグジュペリの飛行機を撃ち落としたと断言した。彼は、「もし飛行機に乗っているのが誰だか知っていたら、撃たなかっただろう。この人には」と言っていた。彼はサン＝テグジュペリのファンだったんだ！

42 『レ・ミゼラブル』はいつの時代の話なの？
À quelle époque se déroule l'intrigue des Misérables ?

Les Misérables, publié en 1862, est l'œuvre la plus connue de Victor Hugo (1802-1885). L'œuvre a immédiatement rencontré un très grand succès et reste encore l'un des romans les plus populaires de la littérature française. Dans le roman, Victor Hugo décrit la pauvreté, la misère et les luttes pour obtenir les libertés fondamentales. Il y plaide, à travers le personnage de Jean Valjean, pour une société plus juste où tous les citoyens sont égaux devant la loi, car à cette époque les gens du peuple avaient beaucoup de difficultés à gagner leur vie.

Les événements historiques ont beaucoup d'influence sur le roman. L'œuvre reflète le plus fidèlement possible les situations sociales, politiques et économiques de la France du XIXe. Le roman dépeint notamment la bataille de Waterloo et l'émeute de Paris en juin 1832.

La bataille de Waterloo qui s'est déroulée le 18 juin 1815 en Belgique a été une défaite décisive de l'armée française emmenée par l'empereur Napoléon Ier face aux armées anglaises et allemandes. Cet événement a marqué pour Victor Hugo la fin de l'épopée Napoléonienne et le début de l'ère bourgeoise.

L'insurrection républicaine à Paris en juin 1832 quant à elle était à l'origine une tentative des Républicains de renverser la monarchie de Juillet. Cette émeute joue un rôle très important dans le roman. La plupart des personnages principaux du roman se réunissent à la barricade de la rue Saint-Denis, et Jean Valjean sauve la vie de Marius en le transportant sur son dos à travers les égouts de Paris. Cette gigantesque fresque humaine en cinq tomes a donné et donne toujours lieu à de nombreuses adaptations au cinéma et au théâtre.

1862年に刊行された『レ・ミゼラブル』はヴィクトル・ユゴー(1802～1885)の最も知られた作品です。この作品はすぐに大成功を収め、今もなおフランス文学の中で最も人気のある小説のひとつであり続けています。小説の中でユゴーは貧困と惨めさと、根本的な自由を獲得するための戦いを描いています。彼は作品の中で、ジャン・ヴァルジャンという人物を通して、法のもとにすべての市民が平等であるような、より公正な社会のために論陣を張っています。というのも、その時代、庶民は生活費を稼ぐのに大変苦労していたからです。

　事実、歴史的な事件がこの小説に大きな影響を与えています。この作品は19世紀のフランスの社会的、政治的、経済的な状況を最も忠実に反映しています。フランス史上の事件として、この小説はワーテルローの戦いと1832年のパリの6月暴動を描いています。

　1815年6月18日にベルギーで起こったワーテルローの戦いは英独軍に対する、皇帝ナポレンに率いられたフランス軍の決定的な敗北になりました。この事件はヴィクトル・ユゴーにとってナポレオンの時代の終わりとブルジョワジーの時代の始まりを示すものでした。

　1832年6月のパリで起こった共和派の蜂起に関して言えば、それは7月王政を転覆させようとする共和主義者たちの企てから始まりました。この暴動は小説の中でとても重要な役割を果たしています。というのも、主要な登場人物がサンドニ通りのバリケードに集結し、ジャン・ヴァルジャンはマリユスを背中にかついでパリの下水道を通って運び出し、彼の命を救います。この5巻にわたる人間の一大絵巻は多くの映画版と劇場版を生み出し、今もなお生み出しています。

émeute	暴動
se dérouler	繰り広げられる
épopée	英雄的行為
insurrection	蜂起
égout	下水道
fresque	一大絵巻
tome	巻
donner lieu à	～を生ぜしめる

Qui est Victor Hugo ?

J De nombreux réalisateurs et metteurs en scène ont adapté *Les Misérables* au cinéma ou au théâtre. Mais qui est l'auteur du texte original ?

F C'est Victor Hugo. Tu connais peut-être un dessin animé de Walt Disney, *Le Bossu de Notre-Dame* ?

J Oui, je l'ai vu.

F Cette œuvre a aussi été inspiré par son roman intitulé *Notre-Dame de Paris*.

J Ce roman est célèbre ! Mais qui est Victor Hugo ?

F C'est un écrivain français né en 1802, dramaturge, poète, homme politique, académicien et intellectuel engagé.

J Il était aussi homme politique ?

F Oui. Il est un des plus importants écrivains romantiques de langue française, mais c'est à partir de 1848 qu'il s'est engagé réellement : il a été élu député à l'Assemblée constituante, sous la IIe République.

J Il luttait contre l'injustice sociale, pas en tant qu'observateur mais en tant qu'acteur…

F En fait, la vie politique était très mouvementée au XIXe siècle. En 1851, Louis Napoléon Bonaparte est devenu empereur sous le nom de Napoléon III après avoir fait un coup d'Etat. Hugo a refusé d'obéir à cet homme qui avait volé le pouvoir au peuple, et il lui a donné le surnom de « Napoléon le Petit ». Mais à l'époque, il était interdit de critiquer le pouvoir en place. Hugo a dû donc s'exiler. Il est resté en exil pendant dix-neuf ans, jusqu'à la chute de Napoléon III en 1870 ! Sa vie et son œuvre ont fait de lui un personnage emblématique. Il est mort le 22 mai 1885 et son corps a été déposé au Panthéon.

ヴィクトル・ユゴーってどんな人？

日 多くの舞台監督や映画監督が『レ・ミゼラブル』を舞台化、映画化しているわね。でも、原作の作者は誰なの？

フ ヴィクトル・ユゴーだよ。ウォルト・ディズニーのアニメ『ノートルダムの鐘』をもしかしたら知っているかな？

日 うん、それは見たわ。

フ この作品も『ノートルダム・ド・パリ』という作品に着想を得ているんだよ。

日 その小説は有名ね。でもヴィクトル・ユゴーって誰なの？

フ 1802年に生まれたフランスの作家だよ。劇作家で、詩人で、政治家で、アカデミー会員で、行動するインテリでもあるんだ。

日 彼は政治家でもあったの？

フ そうだよ。彼はフランス語で書いた重要なロマン主義作家のひとりだけど、政治に実際に関わったのは1948年からだ。彼は第二共和政下で国民議会の議員に選ばれたんだ。

日 彼は社会の不公正に対して戦ったのね。観察者ではなく、行動する人として…。

フ 実際、19世紀の政治状況はとても波乱に富んでいた。1851年、ルイ・ナポレオン・ボナパルトはクーデターを起こした後に、ナポレオン3世という名前の皇帝になった。ユゴーは民衆から権力を奪ったその男に従うことを拒み、彼に小ナポレオンというあだ名をつけた。しかし、その時代はあからさまに権力を批判することは禁じられていたので、彼は亡命しなければならず、ナポレオン3世が1870年に失脚するまで19年間亡命状態にあったんだ！ 彼の人生と作品は彼を象徴的な人物にした。ユゴーは1885年5月22日に亡くなり、彼の遺体はパンテオンに埋葬されたんだ。

43　パリではどこでオペラを見られる？
À Paris, où peut-on aller à l'opéra ?

À Paris, il y a de nombreuses salles, mais on peut découvrir les opéras les plus grandioses notamment dans les grandes salles comme l'Opéra Garnier et l'Opéra Bastille. Ces deux salles constituent maintenant l'« Opéra de Paris ».

L'Opéra Garnier est un monument historique de la seconde moitié du XIXe siècle. C'est un très bel édifice et son plafond peint par Chagall est magnifique ! Sur une conception de l'architecte Charles Garnier, Napoléon III a décidé sa construction dans le cadre des transformations de Paris menées par le préfet Haussmann. Son inauguration a eu lieu en 1875.

Cet opéra a longtemps été appelé « Opéra de Paris », mais depuis l'ouverture de l'Opéra Bastille, on l'appelle « Opéra Garnier » ou « Palais Garnier ». L'Opéra Garnier a été classé monument historique en 1923.

Par contre, l'Opéra Bastille, lui, est d'un style beaucoup plus moderne et peut accueillir 2723 personnes assises, tandis que l'Opéra Garnier ne peut en accueillir que 1979. Cette salle d'opéra située sur la place de la Bastille à Paris a été inaugurée en 1989 à l'occasion du bicentenaire de la Révolution.

Comme l'acoustique de l'Opéra Bastille est bien meilleure que celle de l'Opéra Garnier, les programmes proposés sont logiquement différents. L'Opéra Garnier a tendance à être plutôt réservé à la danse contemporaine et au ballet, tandis que l'Opéra Bastille donne plus de priorité aux grandes œuvres contemporaines. Ce sont deux des sites touristiques les plus visités à Paris, en grande partie par des touristes étrangers.

パリにはたくさんの劇場がありますが、とりわけオペラ・ガルニエやオペラ・バスティーユのような大劇場で、最も壮麗なオペラを見ることができます。現在「パリのオペラ座」と言えば、この2つの劇場のことです。
　オペラ・ガルニエは19世紀後半の歴史的建造物です。それはとても美しい建築物であり、シャガールが描いた天井もすばらしいものです。建築家シャルル・ガルニエの構想のもと、ナポレオン3世が、オスマン知事のパリ改造の一環として、建設を決定しました。オペラ・ガルニエの杮落としは1875年のことです。
　このオペラ座が長い間「パリのオペラ座」と呼ばれていましたが、オペラ・バスティーユがオープンして以来、オペラ・ガルニエやガルニエ宮と呼ばれるようになりました。オペラ・ガルニエは1923年に歴史的建造物に指定されました。
　一方、オペラ・バスティーユのほうは、それよりもはるかに現代的な様式で、オペラ・ガルニエが1979席しかないのに対し、2723席あります。パリのバスティーユ広場にあるこのオペラ座は1989年にフランス革命の200周年記念の際にオープンしました。
　オペラ・バスティーユのほうがオペラ・ガルニエよりも音響設備がずっといいので、提供されるプログラムも必然的に異なります。オペラ・ガルニエはモダンダンスやバレエにあてられる傾向があるのに対し、オペラ・バスティーユは現代的なオペラの大作を優先しています。これらはパリで最も訪れる人が多い観光スポットで、その大半は外国人観光客です。

plafond	天井
préfet	知事
inauguration	開会式
bicentenaire	200周年記念
acoustique	音響効果

Aimez-vous l'opéra ?

J Cela fait quelques années que je suis devenue une fan d'opéra. Toi, tu vas souvent à l'opéra ?

F Ma maman m'emmenait souvent à l'opéra quand j'étais petit. J'étais très fier d'aller à l'opéra !

J Quel est ton opéra préféré ?

F Je dois t'en donner un seul ? Il y en a plusieurs que j'adore...

J Tu es allé voir *La flûte enchantée* de Mozart, par exemple ?

F Oui, bien sûr ! J'adore cette œuvre. C'est l'une des plus belles ouvertures que je connaisse.

J Il y a d'autres opéras à ne pas manquer ?

F *Don Giovanni* et *Les noces de Figaro* de Mozart, *Le barbier de Séville* de Rossini, *Turandot* de Puccini... Je les connais presque par cœur, tant je les ai écoutés ! Ils me font pleurer à chaque fois.

J Tu ne cites pas les opéras français ?

F Ah, j'ai failli oublier de citer *Carmen*, qui est certes l'un des plus connus mais qui parle néanmoins bien de l'amour... Les paroles de la chanson Habanera sont très connues : « L'amour est enfant de bohème. Il n'a jamais jamais connu de loi. » Si on allait voir un opéra ce weekend pour se parler de l'amour ?

J Je ne te réponds pas tout de suite. Tu sais bien, « l'amour est un oiseau rebelle que nul ne peut apprivoiser » !

オペラは好き？

日 私がオペラのファンになって数年たつけど、あなたはよくオペラに行く？

フ 僕が小さいころママがよくオペラに連れて行ってくれたよ。オペラに行くことをとても誇りに思っていたよ！

日 あなたの好きなオペラは何？

フ 1つだけ挙げなきゃいけない？ 僕が大好きなのはいくつもあるんだけど…。

日 例えば、モーツァルトの『魔笛』は見に行ったことある？

フ うん、もちろんだよ。あの作品は大好きさ。僕が知っている最も美しい序曲のひとつだよ。

日 ほかに見逃してはいけない作品はある？

フ モーツァルトの『ドン・ジョヴァンニ』、『フィガロの結婚』、ロッシーニの『セヴィリアの理髪師』、プッチーニの『トゥーランドット』…。僕はほとんど空で覚えているよ。それだけ聴いたからね！ いつ聴いても涙が出るよ。

日 フランスのオペラを挙げていないわね。

フ ああ、『カルメン』を挙げるのを忘れるところだった。あれは確かに最も知られているオペラのひとつとはいえ、愛についてもよく語っている。ハバネラの歌の歌詞はよく知られているよね。「恋は自由奔放な子ども。決して、決して、法には縛られない」…今週末、愛を語るためにオペラを見に行かないかい？

日 すぐには返事しないわ。知っていると思うけど「愛は反抗的な鳥、誰も飼いならせない」んだから！

44 フランスの美食はなぜ無形文化遺産に選ばれたの？
Pourquoi la gastronomie française est-elle entrée dans le patrimoine de l'humanité ?

C'est grâce à son histoire et son originalité que la gastronomie française a été inscrite sur la liste du patrimoine culturel immatériel de l'humanité en 2010 par l'Unesco. C'est la première fois que des traditions culinaires ont été enregistrées dans cette liste.

La cuisine française a évolué au cours des siècles en profitant de divers styles gastronomiques originaires de la tradition française. Selon l'Unesco, le repas gastronomique des Français est « une pratique sociale coutumière destinée à célébrer les moments les plus importants de la vie des individus et des groupes, tels que naissances, mariages, anniversaires, succès et retrouvailles ».

Toutefois c'est Auguste Escoffier qui a modernisé et codifiée la cuisine française au XXe siècle. L'essor du tourisme gastronomique, avec l'aide notamment du Guide Michelin, a contribué à étoffer la réputation de la gastronomie française à l'étranger. Il ne faut pas oublier également l'influence de la cuisine japonaise sur la gastronomie française ! Au début des années 70, les chefs français ont voyagé au Japon et découvert un monde qui a bouleversé la cuisine française. L'influence croisée entre ces deux cuisines ne s'arrête pas aux plats comme les tempura ou les sushi, familiers des menus français. Le menu dégustation, suite de petits plats similaires, a été inspiré par la formule de la cuisine traditionnelle japonaise de style Kaiseki. La cuisine japonaise, elle, a fait son entrée au patrimoine culturel immatériel de l'humanité de l'Unesco en 2013.

その歴史と独創性のおかげで、フランス料理は2010年ユネスコによって、無形文化遺産に選ばれました。料理の伝統がこのリストに載ったのは初めてのことです。
　フランス料理は何世紀にもわたってフランスの伝統的な独自の美食のさまざまな様式を活用しながら発展してきました。ユネスコによれば、フランス人の食事は「誕生や結婚式や記念日や、成功や再会のような、個人や集団の人生における最も重要な瞬間を祝うための慣習的な社会実践」なのです。
　とはいえ、20世紀にフランス料理を近代化し、体系化したのは、オーギュスト・エスコフィエです。とりわけミシュランガイドのおかげで飛躍したグルメツアーは、フランス料理の評判を外国で広げることに貢献しました。同様にフランス料理に対する日本料理の影響を忘れてはいけません！　70年代の初め、フランス人シェフたちは日本を旅行し、フランス料理をくつがえす世界を発見しました。これらの2つの料理の間を交錯する影響関係は、フランスのメニューでもおなじみの、天ぷらや寿司といった料理にとどまりません。ムニュ・デギュスタシオン、つまり同じような小皿が連続して出てくる料理は、懐石料理という日本の伝統的な料理の形式にヒントを得たものです。日本料理自体も、2013年にユネスコの無形文化遺産に選ばれました。

retrouvailles	再会
codifier	体系化する
essor	飛躍
contribuer à	～に貢献する
étoffer	豊かにする
dégustation	試食

Quelles sont les différences entre la cuisine française et la cuisine japonaise ?

J Il me semble que la cuisine japonaise et la cuisine française sont très différentes. Comment trouves-tu la cuisine japonaise en tant que cuisinier ?

F Je trouve que la cuisine japonaise traditionnelle est beaucoup plus simple. Vous, les Japonais, n'ajoutez pas beaucoup de choses pour exprimer la délicatesse des ingrédients.

J Y a-t-il des ingrédients que vous, les Français, n'utilisez pas ?

F Au Japon, il y a beaucoup d'aliments qui comprennent plusieurs sortes d'aminoacide que vous appelez umami. Par exemple, en France on utilise rarement les algues telles que le konbu. Son goût n'est pas fort mais très riche. Grâce à ça, la cuisine japonaise est simple mais bonne.

J Il est vrai que la cuisine française est complexe.

F Nous aimons ajouter plusieurs ingrédients.

J La décoration de la cuisine française est artistique, comme un tableau !

F Celle de la cuisine japonaise est aussi très belle ! En général, dans la cuisine française, on utilise les sauces bien réduites et quelques éléments de gras, comme la crème, le beurre et le foie gras...

J Tu as raison. Vous utilisez aussi beaucoup de graisse.

F C'est pour ça que la cuisine japonaise est connue pour être équilibrée et diététique. Mais ces deux cuisines ont également des avantages et des désavantages particuliers. La « nouvelle cuisine » a ainsi été créée en combinant les avantages japonais et français !

フランス料理と日本料理の違いは何？

日 私にはフランス料理と日本料理はとても違うように思えるけど、料理人として日本料理のことをどう思う？

フ 確かに、伝統的な日本料理のほうがはるかにシンプルだと思う。あなたたち日本人は、素材の繊細さを表現するためにあまり多くのものを加えないね。

日 あなたたちフランス人が使わない食材ってある？

フ 日本には「うまみ」と呼ばれる何種類ものアミノ酸を含む食品がたくさんあるね。例えば、フランスでは「昆布」のような海藻を使うことはめったにないよ。味は強烈じゃないけど、とても豊かだね。それのおかげで日本料理はシンプルだけどおいしいんだ。

日 フランス料理が複雑というのは本当ね。

フ 私たちは、いくつかの食材を加えることが好きなんだ。

日 フランス料理の飾り付けは絵画のように芸術的ね！

フ 日本料理の飾り付けもとても美しいよ。一般的にフランス料理では、よく煮詰めたソースや、クリーム、バター、フォワグラなどの、いくつかの脂肪分の高い食材をしばしば使うよ。

日 確かにそうね。油もたくさん使うわね。

フ だから日本料理はバランスがよくて、栄養学的にもいいって有名なんだよね。でも、これらの２つの料理は同じように固有の利点と欠点があるね。こうして「ヌーベル・キュイジーヌ」は日本とフランスの利点を組み合わせて作り出されたんだよ！

キーワード④

bande dessinée

　バンド・デシネは、ベルギーやフランスを中心として地域で制作される漫画である。bande dessinée（略して BD）という呼称は「描かれた帯」を意味するフランス語で、英語の comic strips（コミック・ストリップ）に対応する。中でもエルジェの『タンタンの冒険』やエンキ・ビラルやメビウスの名前が知られている。日本のマンガ本と違って、美しいフルカラーで作られた一種の豪華本的な装丁の作品が多く、アートとしても価値が高い。フランス語圏では「9番目の芸術」として分類され、批評や研究の対象としても扱われる。

nouvelle vague

　1950年代から1960年代初めにかけてフランスで起こった映画運動。1951年創刊の映画雑誌『カイエ・デュ・シネマ』の批評家として活躍したジャン＝リュック・ゴダールやフランソワ・トリュフォーは、映画はプロデューサーのものではなく、監督のものであるという作家主義を主張した。彼らは批評活動だけにとどまらず、新しい映画理論の実践として自分たちの手で映画を作り始めた。スタジオから屋外に出てロケ撮影し、同時録音や即興演出などの手法を用いて数多くのオリジナルな作品を生み出し、映画運動の「新しい波」として世界各地で世代交代を促した。

Les Misérables

　『レ・ミゼラブル』は1862年に発行されたが、1960年から1984年の間の総売上は500万部近くに達していて、3つの世紀をまたいで売れ続けていることがわかる。さらにこの作品を人類の記憶に長くとどめる原因となったのは、イギリスのプロデューサー、キャメロン・マッキントッシュによるミュージカル版（初演は1985年）である。ミュージカル版は世界各国に広がり、かつ記録的なロングランとなった。また、映像版の最高傑作と称される、2000年にフランスで制作されたテレビシリーズも見逃せない。ジャン・ヴァルジャンにジェラール・ドパルデュー、ジャヴェール警部にジョン・マルコヴィッチ、ファンティーヌにシャルロット・ゲンズブールという豪華キャストである。

その他

第5章

Hors thème

45 フランス人はそんなにオシャレなの？
Les Françaises sont-elles *so chic* ?

Les clichés sur les Français sont nombreux aux quatre coins du monde. Parmi ces clichés, beaucoup ne sont que des mythes, bien sûr ! Toutefois, dans l'imaginaire des étrangers, la France représente toujours la sophistication et le chic, en partie grâce à sa créativité artistique et culturelle. Logiquement, les Français sont également vus comme des gens cultivés et raffinés. Le mythe de la Française, avec son chic inné, fait désespérer toutes les femmes non-françaises qui rêvent d'égaler cette icône !

Beaucoup croient fermement que la femme française a un sens du style inné, qu'elle manie les codes de la mode comme personne et qu'elle ne connaît pas les fautes de goût. En vérité, la plupart des Françaises se disent assez loin d'une telle perfection. D'où vient alors cette réputation internationale à propos du *so chic* ? La publicité et les magazines ont peut-être une part de responsabilité.

Mais en même temps il ne faut négliger l'impact des nombreux livres qui s'inspirent de ce mythe de la femme française et qui sont publiés à l'étranger, tels que *Chic & Slim toujours*, d'Anne Barone ou *Lessons from Madame Chic : 20 Stylish Secrets I Learned While Living in Paris* (*Leçons de Madame Chic : les 20 choses que j'ai apprises en vivant à Paris*) de Jennifer Scott… La magie de ces livres est suffisamment puissante pour exercer une grande influence sur la psychologie des femmes étrangères !

フランス人に対する常套句は世界中にたくさんあります。その多くはもちろん神話にすぎません！　しかしながら、外国人の想像の中で、フランスは、相変わらず洗練とオシャレの代名詞です。芸術的で文化的な創造性のおかげもあるでしょう。必然的に、フランス人も教養があり、洗練された人々と見なされています。特に生まれつきオシャレというフランス人女性の神話は、このアイコンと肩を並べることを夢見るフランス人以外のすべての女性たちをすべて絶望させています！

　多くの人たちは、フランス人女性は生まれつきファッションのセンスがよく、誰よりもファッションの作法をうまく操り、趣味の悪さとは無縁だとかたく信じています。本当は、フランス人女性の大部分は、自分のことをこのような完全無欠とはほど遠いと思っています。それでは、このような「とってもオシャレ」という国際的な評判はどこから来ているのでしょうか。おそらく広告や雑誌に責任の一端があるでしょう。

　しかし、同時に、このフランス人女性の神話に触発され、外国で出版されている、アンヌ・バローヌ『いつもスリムでシック』、ジェニファー・スコット『フランス人は10着しか服を持たない〜パリで学んだ"暮らしの質"を高める秘訣』のような多くの本を無視するわけにはいかないでしょう。これらの本の魔力は、外国の女性たちの心理に大きな影響をおよぼすほどに強力なものなのです！

cliché	紋切り型
mythe	神話
sophistication	洗練
inné	生まれながらの
icône	アイコン

L'image de la Française a-t-elle évolué ?

J À l'heure de la mondialisation, on aurait pu croire que le mythe de la femme française disparaîtrait. Mais en réalité, il perdure…

F Tu parles du mythe des Françaises sensuelles, séduisantes, voire faciles… ?

J Vous, les Françaises, n'êtes pas gênées par cette image ?

F C'est une représentation qui n'est pas vraiment la réalité. Toutes les Françaises ne sont pas légères, bien sûr ! Mais elles sont loin de prêcher la chasteté avant le mariage… tout comme les femmes étrangères, d'ailleurs !

J Il faudrait alors décrypter les mythes et la réalité qui ont façonné ce stéréotype.

F Cette réalité, on l'ignore parce que les mythes sont toujours créés par les hommes et que l'Histoire s'est longtemps écrite au masculin.

J D'où tiennent-elles alors cette idée reçue ?

F C'est en 1944 que les Françaises ont obtenu le droit de vote. Dans les années 50, elles se sont modernisées. Depuis, elles ont toujours travaillé en tant qu'ouvrières, couturières, employées…

J Puisqu'elles sont économiquement indépendantes, elles n'ont pas besoin d'être soumises à l'homme et elles peuvent jouir d'une liberté sexuelle, c'est ça ?

F La femme française est en effet connue pour être très indépendante. Mais il existe un paradoxe français. On nous tient la porte dans le métro, mais on ne nous ouvre pas celle des conseils d'administration ! Le chemin est encore long pour atteindre l'égalité entre les hommes et les femmes…

フランス人女性のイメージは変わったの？

日 グローバル化の時代にはフランス人女性の神話は消滅すると思われていたけど、現実には、まだ続いているね…。

フ 官能的で、魅力的で、さらに浮気なフランス人女性っていう神話のことを話しているの…？

日 あなたたち、フランス人女性はこのイメージに迷惑していないの？

フ そうね…これはあまり現実に即していないイメージね。すべてのフランス人女性はもちろん軽くないわ！　でも結婚まで純潔を守れと説教するなんてことはないわね。それはフランス人以外の女性も同じよね。

日 それじゃ、このようなステレオタイプを作った神話と現実を解読する必要があるね。

フ 現実が知られていないのよ。神話はいつも男によって作られ、歴史は長い間、男性によって書かれたんだから。

日 彼女たちはこの固定観念をどこから手に入れたのかな？

フ 実はフランス人女性が投票権を獲得したのは1944年なの。1950年代に彼女たちは近代化した。それ以来、工場労働者、お針子、OLとして常に働いてきたわ…。

日 彼女たちは経済的に独立しているから、男に従属する必要がないし、性的な自由を享受できているのかな？

フ 実際、フランス女性はとても自立していることでも有名よね。でも別のフランス的なパラドックスがあるの。私たちはメトロのドアを開けて待っていてもらえるけど、取締役会のドアは開けてもらえないの！　男女平等に達する道はまだ長いわ…。

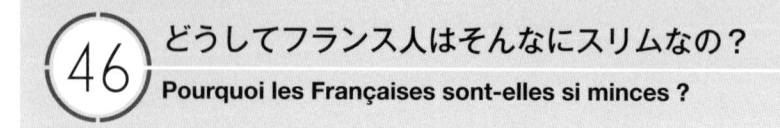

46 どうしてフランス人はそんなにスリムなの？
Pourquoi les Françaises sont-elles si minces ?

Le best-seller de Mireille Guiliano, ex-porte-parole de Veuve Clicquot, intitulé *Ces Françaises qui ne grossissent pas: comment font-elles ?* a été traduit dans 37 pays et s'est écoulé à plus de 3 millions d'exemplaires.

Le livre prétend que la Française arriverait à garder la ligne « sans rien faire » en se nourrissant de baguette, de camembert, de cigarettes et de vin rouge… Une étude constate en effet que les Françaises sont les plus fines d'Europe mais ce phénomène est sans doute lié autant à des causes culturelles et psychologiques qu'à l'éducation. La richesse de la culture gastronomique, le fait que les repas soient pris à table et à heures fixes ou encore la conscience de la malbouffe jouent sans doute un rôle central, mais on peut en dire autant de la manière dont les parents responsabilisent les enfants dans leur rapport au corps. Pourtant, beaucoup de Françaises déclarent vouloir encore perdre du poids. Bien que les Françaises soient les plus minces en Europe, la France est un pays où la volonté de perdre du poids reste très fréquente, la beauté et la minceur étant étroitement liées pour les femmes.

En outre, il faut faire un effort pour être ce que l'on veut paraître. L'effort pour obtenir une certaine silhouette devient alors un symbole de la maîtrise de soi. De nos jours, la pression forte liée à la minceur en serait presque devenue un culte !

Ainsi les Françaises doivent-elles continuer à faire des régimes…

ヴーヴ・クリコの前スポークスマンであるミレイユ・ジュリアーノのベストセラー、『フランス女性は太らない―好きなものを食べ、人生を楽しむ秘訣』は、37カ国で翻訳され、300万部以上売り上げました。
　この本によれば、フランス人女性は、バゲットとカマンベールとタバコと赤ワインをとりつつ、「何もしなくても」身体のラインを保つことができるのです。実際、ある研究によればフランス人女性はヨーロッパで最もスリムなのですが、この現象はおそらく多くの文化的および心理的な原因とともに、教育と関係があります。豊かな美食文化、食事はテーブルについて決まった時間に食べるということ、有害な食品を意識することなどが、おそらく中心的な役割を果たしていますが、両親が子どもに、身体に関することに責任を持たせるからなのです。しかし、多くのフランス人女性はもっと体重を減らしたいと言っています。フランス人女性はヨーロッパで最もスリムであるにもかかわらず、彼女たちにとって美とスリムさは緊密に結びついているので、フランスは、体重を減らしたいという意欲がとても旺盛なお国柄なのです。
　その上、人からそう見られたいようになるには、努力が必要なのです。一定のシルエットを得るための努力は、こうして自己コントロールの証しとなるのです。今日、スリムさに関する強いプレッシャーは、ほとんど宗教のようになっています！
　こうしてフランス人女性は、ダイエットし続けなくてはならないのです。

malbouffe	健康に悪い食品
étroitement	密接に
régime	ダイエット

Pourquoi les Françaises veulent encore perdre du poids ?

J Les Françaises, surtout les filles sont toutes minces. Je les envie !

F Et encore, tu ne sais pas tout ! Bien qu'elles soient les plus minces en Europe, elles veulent encore maigrir.

J Je ne comprends pas pourquoi. La minceur et la beauté sont certes liées, mais les Françaises sont suffisamment minces et belles… au moins elles ne sont pas grosses.

F Mon ex-copine disait souvent : « C'était pas pour être plus jolie, mais pour être acceptée socialement. »

J Ça veut dire que le plus important, c'est le contrôle de son propre corps ? Il y a de quoi se rendre malade…

F La France est une société fascinée par l'apparence de la jeunesse. Le tournant s'est opéré au début du XXe siècle avec l'évolution des modes de vie et de la mode elle-même : le rapport au poids et au corps enrobé s'est modifié drastiquement.

J La maternité n'allège-t-elle pas la pression sur le physique ?

F Surtout pas en France ! Ce *self control* accompagne les femmes tout au long de leur vie. Et cela se reflète dans le milieu du travail. Il y a un lien statistique négatif entre IMC (Indice de Masse Corporelle), salaire et promotion professionnelle.

J Ce n'est pas malsain ?

F Si, absolument ! Ce diktat de la minceur, particulièrement pesant pour les femmes, est inquiétant. Elles sont complètement névrosées par cette « obsession minceur » !

フランス女性はまだやせたいの？

日 フランス人女性、特に若い女子はみんなやせているわけね。彼女たちがうらやましいわ！

フ 君の知らないことがまだあるよ！　フランス人女性たちはヨーロッパで一番やせているけど、もっとやせたいと思っているんだ。

日 なぜかわからないわ。やせていることと美しさは確かに関係があるけど、彼女たちは十分にやせていて美しいわ…少なくとも太っていないし。

フ 僕の元カノがよく言ってたけど、「それは美しくなるためではなくて、社会的に受け入れられるため」だって。

日 つまり最も重要なことは、自分の身体をコントロールすること？　でも病気になりそう…。

フ フランスは若い外見に魅了される社会だということだね。転機は20世紀の初めに、生活様式とファッションそのものの進化によって起こっているんだ。体重と服を着た身体の関係は根本的に変わったんだ。

日 お母さんになったら身体に対するプレッシャーは軽くならない？

フ 特にフランスではそうじゃない！　このセルフコントロールは女性に一生つきまとうんだ。そしてそれは職場環境にも反映する。IMC（肥満指数）と給料と昇進には、統計的に負の相関があるんだ。

日 それって不健康じゃない？

フ まったくだよ！　特に女性たちにのしかかっている、やせなさいという押しつけを憂慮すべきだね。「やせなきゃという強迫観念」で彼女たちは完全にノイローゼになっているんだ！

47 なぜ「フランス製」は高級品のチャンピオンなの？
Pourquoi le « made in France » est-il champion du luxe ?

Le design et le raffinement sont naturellement associés aux produits « made in France ». En effet, dans le secteur du luxe, la France détient près de 25% des parts de marché mondiales. Surtout dans les pays en plein essor, les marques comme Louis Vuitton, Hermès ou Chanel sont les plus valorisées. Alors qu'on ne parle que de déclin de l'industrie française, le luxe français résiste très bien à une consommation en repli.

Mais pourquoi la France continue-t-elle d'être championne du luxe ?

La première grande tendance qui anime ce secteur au niveau mondial, c'est que le marché est très porté par le tourisme. Pour la France, la moitié des ventes de biens de luxe vient du tourisme. Les consommateurs venus de l'étranger plébiscitent les produits hédoniques comme le luxe, la mode ou la gastronomie. Selon une étude sur les valeurs associées au « fabriqué en France », ils y voient la garantie d'un esthétisme, d'une originalité, d'un style. Évidemment, ce qu'ils veulent acheter, ce n'est pas un simple sac ou un simple parfum, mais c'est le raffinement à la parisienne ou le « savoir-vivre » ancré dans une histoire patrimoniale.

Par exemple, Louis Vuitton, qui reste la première marque de luxe mondiale, cible une clientèle riche. Monsieur Louis Vuitton, qui travaillait d'abord chez un layetier-emballeur-malletier, a confectionné un nécessaire de voyage dans son intégralité pour l'impératrice Eugénie. Il a fondé sa société en 1854 en ayant observé les changements de son époque et compris qu'avec l'essor des transports, les voyages connaîtraient de plus en plus de succès parmi la classe aisée. Aujourd'hui, le célèbre monogramme LV, emblème de la marque, est immédiatement reconnaissable et mondialement connu. Le luxe qui était autrefois réservé à la bourgeoisie occidentale continue à séduire les consommateurs dans le monde entier.

デザインと洗練は自然と「メイド・イン・フランス」の製品と結びつきます。確かに、高級品のセクターでフランスは世界の市場の25%を占めています。特に成長の著しい国々ではルイ・ヴィトン、エルメス、シャネルといったブランドは最も高い価値があります。フランスの高級品は、消費の後退によく持ちこたえています。

　しかしなぜフランスは高級品のトップでいられるのでしょうか？

　世界的なレベルでこのセクターを活気づける最初の大きな傾向は、その市場が旅行産業によって大きく支えられているということです。フランスにとって高級品の売り上げの半分は旅行産業からもたらされています。外国の消費者たちは高級品、モード、美食のような、快楽をもたらす製品を購入することを好みます。「フランス製」に結びついた価値に関する研究によると、彼らはそこに美意識、オリジナリティ、スタイルの保証を見ています。明らかに彼らが買いたいと思っているものは、ただのカバンや単なる香水ではなく、パリ風の洗練、あるいは文化遺産の歴史に根ざした「生き方」なのです。

　例えば、世界的な高級品のトップブランドであり続けているルイ・ヴィトンは裕福な客にターゲットを絞っています。最初、旅行に出かけるお金持ちの荷造りの仕事をしていたルイ・ヴィトン氏は、フランス皇后ウジェニーのために旅行の必需品のすべてを作りました。彼は時代の変化を観察し、交通の飛躍的な発達によって、富裕層の間で旅行業がますます成功することを理解し、1854年に会社を設立しました。今日、ルイ・ヴィトンのプリント生地である有名なモノグラムは見てすぐにそれとわかるもので、広く世界に知られています。高級品はかつて西洋のブルジョワ向けのものでしたが、今は世界中の消費者を魅了し続けています。

détenir	保持する
hédonique	快楽をもたらす
cibler	ターゲットにする
layetier	荷造り用木箱製造人
emballeur	梱包係
malletier	トランク製造工
dans son integralité	全体として
impératrice	皇后
classe aisée	富裕層

Qui est le président de LVMH ?

J Que signifie l'abréviation LVMH ?

F Ça signifie Louis Vuitton Moët Hennessy. C'est un groupe français d'entreprises qui est aujourd'hui le chef de file mondial de l'industrie du luxe. Le groupe LVMH est né en 1987 de la fusion de Moët Hennessy et de Louis Vuitton.

J À part ces deux marques, quelles marques françaises font partie du groupe ?

F Il possède soixante établissements parmi lesquels on retrouve les plus grandes marques françaises de luxe, telles que Dior, Guerlain, Kenzo, Givenchy…

J J'imagine que son chiffre d'affaires doit être colossal.

F C'est exact. Ce groupe possède plus de 3 000 magasins à travers le monde. Il a réalisé en 2015 un chiffre d'affaires de 35,6 milliards d'euros.

J Mais qui dirige cette société de luxe ?

F Le dirigeant du groupe, Bernard Arnault, est le plus riche patron des entreprises françaises, et donc le plus riche de tous les Français. Les salaires de ce patron ont dépassé 4,5 millions d'euros en 2011. On comprend mieux pourquoi les médias français critiquent sévèrement la demande de naturalisation en Belgique de cet homme qui veut échapper à la fiscalité. La France est connue pour les vins, la cuisine très luxueuse, la mode, les parfums et les bijoux. Monsieur Arnault profite de cette image de la France pour gagner de l'argent. À mon avis, il serait normal qu'il rende à la France une part de ce qu'elle lui a permis de gagner.

ルイ・ヴィトンの会長って誰？

日 LVMHっていう略語は何を表してるの？

フ ルイ・ヴィトン・モエ・ヘネシーという意味だよ。今日、高級ブランド産業の世界系列のトップに立つフランスの企業グループだよ。実は、LVMHは1987年にモエ・ヘネシーとルイ・ヴィトンが合併して生まれたんだ。

日 この2つのブランド以外でどんなフランスのブランドが、グループに属しているの？

フ グループは60の企業を擁しているんだけど、その中にはディオール、ゲラン、ケンゾー、ジバンシー…といった世界でも最高級のフランスのブランドがあるね。

日 その売上は巨額に上るんだろうね。

フ その通り。このグループは世界中で3,000以上の店舗を擁しているんだ。2015年には356億ユーロの総売上を実現したよ。

日 でも誰がこの高級ブランド企業を率いているの？

フ グループのリーダーはベルナール・アルノーっていうんだ。フランス企業の中で最もお金持ちの経営者だから、すべてのフランス人の中で最もお金持ちっていうことになるね。この経営者の給与は、2011年には450万ユーロを越えたんだ。だから、課税を逃れようと、この男がベルギーへの帰化申請をしたことを、フランスのメディアが厳しく非難するのは当然だよ。実際フランスは、ワイン、最高級料理、ファッション、香水、宝石で有名だよね。アルノー氏は、お金儲けのために、このフランスのイメージを利用しているんだ。僕が思うに、彼がフランスのおかげで稼ぐことができたものの一部を、フランスに返すことは当たり前じゃないかな。

48 フランス人は英語を話さないって本当？
Les Français ne parlent pas anglais, c'est vrai ?

    Les Français apprennent l'anglais pendant sept ou huit ans durant leurs études, et pourtant ils ne savent pas suivre une conversation dans cette langue au sortir du lycée. L'addition est salée puisque selon l'indice de compétences en anglais EF (indice de référence sur le plan international, *Education First*), la France arrive régulièrement dans le top 3 des cancres de l'anglais en Europe ces dernières années.

    Les raisons sont multiples : la première est d'ordre phonétique, la langue française étant dépourvue d'accent tonique, l'acquisition de l'anglais oral et de ses innombrables inflexions de voix n'est pas chose aisée pour les Français. Ensuite, comme second facteur influant sur la « non-envie » des Français de pratiquer l'anglais, on peut mettre en avant la défense du patrimoine de la langue nationale. Ce sentiment, typiquement français, de « patriotisme linguistique » est palpable en France alors que paradoxalement, à l'heure de la globalisation, une majeure partie des jeunes Français regarde quotidiennement des séries américaines et mange régulièrement au McDo !

    Enfin, la troisième raison que l'on peut avancer concerne directement le mode d'enseignement de l'anglais dans le système éducatif français. Il est en effet très compliqué de motiver trente élèves français et de leur donner la parole en cours pour qu'ils puissent s'exprimer en anglais dans la classe. La peur et le sentiment de honte que l'on éprouve à parler en public sont liés à la possibilité, ou non, d'exprimer son point de vue dans un petit groupe. Les enseignants sont donc contraints de faire face à des problèmes d'ordre logistique et technologique, et les installations mises à leurs dispositions ne leur permettent souvent pas de stimuler un éveil aux langues et une curiosité vis-à-vis de l'anglais, oral comme écrit.

フランス人は学校教育で7年か8年英語を学びますが、高校を出ても英語の会話について行けません。このツケは高く、英語能力の指標である EF（国際的な準拠の指標、エデュケーション・ファースト）によれば、フランスは、ここ数年決まってヨーロッパの英語の劣等生ワースト3に入っています。

　理由はたくさんあります。1つ目の理由は発音の次元です。フランス語は強勢アクセントがないので、英語のオーラルと数えきれない声の抑揚を習得することは、フランス人にとって簡単なことではないのです。次に、英語を実践することへのフランス人の「やる気のなさ」に影響している2つ目の要因として、国民言語という遺産を守ろうとしていることを強調できるでしょう。グローバリゼーションの時代に、大部分のフランスの若者が日常的にアメリカの連続ドラマを見たり、定期的にマクドナルドで食べているのに、逆説的に、この「言語的愛国心」というフランス人に典型的な感情がフランスに明らかに存在しています。

　最後に提示できる3つ目の理由は、フランスの教育システムの中の英語の教授方法に直接関わるものです。実際30人のフランス人の生徒をやる気にさせ、クラスで英語で自己表現できるように授業中彼らに話させるのはとても難しいです。人前で話すことで感じる恐怖と恥じらいの感情は、小さなグループで自分の意見を表明できるか、できないかに関わっています。だから教師は、（教室規模などの）インフラとテクノロジーの次元での問題に立ち向かわざるを得ないし、自分たちの自由に使える設備では、しばしば言語への目覚めや英語で話したり書いたりすることへの好奇心を刺激できないのです。

salé	値段が法外な
indice	指標
cancre	劣等生
dépourvu de	〜のない
inflexion	抑揚
aisé	楽な
avancer	主張する
contraint de	〜せざるをえない

Pourquoi les Français ne parlent-ils pas anglais ?

J C'est vrai que les Français ne sont pas bons en anglais ?

F Oui, ce n'est pas qu'une légende urbaine. Le problème avec les Français, c'est qu'ils pensent savoir parler anglais parce qu'ils l'ont étudié au collège et au lycée, alors qu'ils ne l'ont quasiment jamais pratiqué à l'étranger. Ce manque d'expérience additionné au « patriotisme linguistique français » et à la fameuse phrase qui le caractérise le mieux, « ici en France, on parle français », fait que les Français ne reconnaissent pas leurs lacunes en anglais.

J Les Japonais aussi étudient l'anglais pendant huit ans à l'école et ne savent malgré tout pas l'utiliser dans une conversation courante. Quelle est la différence avec les capacités en anglais des Français ?

F Les Japonais sont trop modestes et ils ne veulent pas se mettre en avant et tenter de parler anglais devant quelqu'un, de peur ou par honte de se tromper, alors qu'ils bénéficient de cours d'anglais oral donnés bien souvent par des assistants natifs, ce qui les rend plus expérimentés que la plupart des collégiens ou des lycéens français. Les Français, eux, étudient énormément l'anglais à l'écrit. La grammaire et l'orthographe anglaises étant similaires au français, ils croient les comprendre facilement et développent un sentiment de facilité vis-à-vis de l'anglais : ils pensent être automatiquement capables de le parler parce qu'ils pensent être capables de le lire. C'est une idée fausse, basée sur un sentiment typiquement français : l'excès de confiance en soi !

J Les Japonais et les Français sont donc au même niveau à l'oral en anglais ?

F Pas pour les mêmes raisons, mais on peut dire que oui !

なぜフランス人は英語を話せないの？

日 フランス人は英語がうまくないって本当？

フ うん、都市伝説にすぎないとは言えないね。フランス人の問題は、彼らが中学や高校で英語を学んだからといって、外国でまったく使ってみたこともないのに、英語が話せると思っていることなんだ。この経験のなさに、「フランス語の言語的遺産」と最もそれをよく表している有名なフレーズ「ここフランスでは、フランス語が話される！」が加わって、フランス人が自分たちは英語が下手であることを認めないという結果になっているんだ。

日 日本人も学校で８年間英語を学ぶけど、やっぱり日常会話で使えないね。フランス人の英語能力との違いは何かな？

フ そうだね、日本人は、しばしばネイティブアシスタントに英語の会話の授業を受けるという恩恵に浴していて、大部分のフランスの中学生や高校生よりも経験豊富になっているのに、謙虚すぎて、出しゃばりたくないし、間違うのを恐れたり恥ずかしがったりして、誰かの前で英語を話そうとしないんだ。フランス人のほうは、英語を書くこと、フランス語に似ている文法と綴りをものすごく勉強するし、それが簡単に理解できると思っていて、英語に対する簡単だという感情を強くする。それで、読むことができると思っているから、話すことも自動的にできると思っているんd。これは間違った考えで、フランス人の典型的感情、つまり「自信過剰」に基づいてるんだ！

日 じゃあ、日本人とフランス人は、英語の会話のレベルが同じってこと？

フ 同じ理由ではないけど、そうだって言えるね！

49 フランス以外でもフランス語は話されているの？
Parle-t-on français ailleurs qu'en France ?

Il y a 66 millions de Français, mais il y a 274 millions de francophones dans le monde : des personnes qui parlent français sans obligatoirement être Français ! Le français est parlé sur tous les continents : au Canada, au Vietnam, au Laos, en Suisse, en Belgique, en Nouvelle-Calédonie et dans de nombreux pays d'Afrique.

L'explication est liée à l'époque coloniale durant laquelle les Français ont colonisé des peuples à travers le monde en leur laissant en « héritage » la langue française, encore parlée dans ces pays aujourd'hui. C'est la raison pour laquelle le français est la cinquième langue la plus parlée au monde, la troisième langue la plus parlée par les hommes d'affaires et la quatrième langue la plus utilisée sur Internet.

Cette « cote de popularité » de la langue française n'est pas près de baisser. En effet, selon les estimations, en 2060 il y aura 445 millions de francophones supplémentaires dans le monde.

La raison est simple : le continent africain abrite actuellement la moitié des francophones et sa population va quadrupler d'ici 2060 ! Le français deviendrait donc une des langues les plus parlées au monde. Ce qui implique de gros enjeux commerciaux, car plus on parle le français dans un pays, plus on y vend de produits français.

Enfin, il faut réfléchir aux moyens de préserver et de promouvoir la langue française dans le monde à l'heure de la globalisation et de l'omniprésence du chinois et de l'anglais. Pour cela, on peut par exemple ouvrir des écoles de français à l'étranger pour développer l'apprentissage de la langue, ou encore soutenir les médias francophones qui font entendre la langue tout autour du monde.

フランス人は 6,600 万人いますが、フランス語話者は世界に 2 億 7,400 万人います。フランス語を話す人は必ずしもフランス人ではないのです！　フランス語はすべての大陸で話されています。カナダ、ベトナム、ラオス、スイス、ベルギー、ニューカレドニア、そしてアフリカの多くの国々で。

　それを説明するには植民地時代の話をしなければなりません。その間、フランス人は世界中を植民地にして、フランス語を「遺産」として残しました。そして今日もそれらの国々でフランス語が話されているのです。こうした理由で、フランス語は世界で 5 番目に話され、ビジネスマンたちによって世界で 3 番目に話され、インターネットの世界では 4 番目に使われる言語なのです。

　このフランス語の「人気」はあまり落ちる気配はありません。実際、予測によれば、2060 年には、4 億 4,500 万人分のフランス語話者が世界に増えることになります。

　理由は単純です。現在アフリカ大陸にはフランス語話者の半分がいるのですが、その人口は 2060 年までに 4 倍になるのです！　ゆえにフランス語は世界で最も話される言語のひとつになるかもしれません。これは大きなビジネスチャンスを意味していて、というのも、ある国でフランス語がより多く話されれば、それだけそこでフランスの製品が売れることになるからです。

　最後に、グローバル化と中国語と英語の遍在の時代に、世界でフランス語を守り、推進する方法を考えなくてはなりません。そのためには、例えば、フランス語の学習を広めるために外国にフランス語の学校を開き、さらには世界中にフランス語を聞かせるフランス語メディアを支援することができます。

abriter	収容する
quadrupler	4 倍にする
promouvoir	推進する
omniprésence	遍在

On parle français partout dans le monde ?

J On parle français sur le continent américain ou en Asie du Sud-Est ?

F Oui, au Canada, le français est la deuxième langue officielle avec l'anglais. C'est une décision qui relève de la politique linguistique du Canada et qui rend obligatoire la présence du français sur tous les panneaux officiels du pays. On peut également étudier le français dès l'école primaire dans tout le pays. C'est donc un endroit du monde naturellement anglophone, mais où l'on peut apercevoir et entendre du français à tous les coins de rue.

J Au Vietnam également ?

F Concernant le Vietnam, le Laos ou le Cambodge, c'est différent. Certes, ces pays font partie de l'OIF (Organisation Internationale de la Francophonie), tout comme le Canada, mais la langue française n'y a pas le même statut : c'est une langue étrangère. Cela signifie que le français a joué un rôle dans l'histoire de ces pays, mais que désormais, excepté les générations les plus âgées, on ne l'utilise principalement que pour le commerce lié au tourisme.

J On peut communiquer en français sur Internet ?

F Oui, selon les statistiques, le français est la quatrième langue d'Internet et la deuxième langue d'information internationale dans les médias. Notamment sur Twitter : des professeurs québécois y encouragent leurs étudiants à communiquer en français ou à faire de la poésie en 140 caractères. Le média francophone TV5 Monde permet également aux apprenants du monde entier d'avoir accès à des outils technologiques et à des informations en français, facilitant grandement la communication francophone aux quatre coins de la planète.

フランス語は世界中で話されているの？

日 アメリカ大陸や東南アジアではフランス語は話されているの？

フ うん。カナダではフランス語は英語に対して 2 番目の公用語になっているよ。この決定はカナダの言語政策に属しており、カナダの公式の標識のすべてをフランス語で表記することが義務づけている。同様にカナダ全体で小学校からフランス語が学べるよ。そこは当然英語が話されるところなんだけど、街の隅々でフランス語に気がつくし、フランス語が聞こえるよ。

日 ベトナムでも同じ？

フ ベトナム、ラオス、カンボジアに関しては、違うよ。確かにこれらの国々はカナダとまったく同じように OIF（フランコフォニー国際機関）に属しているけど、フランス語は同じ地位にはない。それは外国語という位置付けなんだ。それはフランス語がこれらの国々の歴史において一定の役割を果たしたけど、高齢の世代以外は観光関連のビジネス以外にしか主に使わないことを意味しているんだ。

日 インターネットではフランス語でコミュニケーションが取れる？

フ うん。統計によると、フランス語は第 4 のネット言語、第 2 の国際情報言語なんだ。特に Twitter では、ケベックの先生たちが学生たちにフランス語でコミュニケーションし、140 字で詩を書くように勧めているよ。フランス語メディアである TV5 MONDE も世界中の学習者が IT ツールやフランス語の情報にアクセスできるようにしており、それによって地球上の隅々までフランス語でコミュニケーションすることを桁違いに簡単にしているよ。

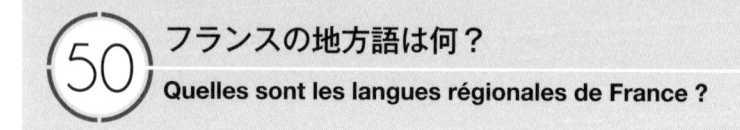

50 フランスの地方語は何？
Quelles sont les langues régionales de France ?

Il y a principalement neuf langues régionales en France métropolitaine. Il y en a trois d'origines germaniques, le flamand, le francique et l'alsacien et quatre d'origines romanes, le catalan, le corse, le franco-provençal et l'occitan. Enfin, il reste le breton, d'origine celtique, et le basque avec ses origines propres.

Les langues régionales les plus parlées sont le corse et l'alsacien (respectivement, en pourcentage de locuteurs vis-à-vis de la population globale de la région : 60% et 53%), suivis par le catalan et le basque (34% et 29%). Les Français sont très attachés à leurs racines et à leur terroir : la langue régionale est le symbole de l'identité culturelle de chaque région. Elle définit notre histoire, celle de nos aïeux et celle de nos enfants. Malheureusement, à l'heure de la globalisation et du « tout le monde pareil », ces langues régionales minoritaires peinent à survivre à la normalisation du français « de base » et « de masse ».

C'est pourquoi on enseigne désormais ces langues régionales, en tant que langues vivantes, dans les écoles, collèges et lycées des régions concernées. Dans ce domaine, le basque et le breton sont les deux langues régionales les plus enseignées en France à l'heure actuelle.

Afin de faire survivre ces langues, il est impératif que les jeunes générations y aient accès. Il y a 30 ans, la plupart des aînés parlaient quotidiennement ces langues à leurs enfants et petits-enfants. Cela facilitait la transmission simple mais efficace du savoir oral. Cependant, de nos jours, les jeunes générations communiquent moins à l'oral qu'à l'écrit, notamment depuis l'arrivée d'Internet et des réseaux sociaux.

フランス本国には主に9つの地方語があります。ゲルマン語起源の3言語であるフランドル語、フランク語、アルザス語があり、ロマンス語起源の4言語であるカタルーニャ語、コルシカ語、フランコ・プロヴァンス語、オック語があります。そしてケルト語起源のブルトン語、固有の起源を持つバスク語があります。

　最も話されている地方語はコルシカ語とアルザス語です（地方全体の人口に対する話者の割合はそれぞれ60％と53％）。そしてカタロニア語、バスク語と続きます（34％と29％）。フランス人は自分たちのルーツと土地にとても愛着を持っています。地方語はそれぞれの地方の文化的アイデンティティーの象徴なのです。それは私たちの歴史を、私たちの先祖と子孫の歴史を明らかにしています。不幸にも、グローバル化と「みんなが同じ」時代には、これらのマイナーな地方語は、「基本的で」「大衆の」フランス語の標準化に対して生き残るのに苦労するでしょう。

　ですから今後、かかわりのある地方の小学校、中学校、高校で現用語として地方語が教えられるのです。この領域では、現時点でバスク語とブルトン語がフランスで最も教えられている2つの地方語です。

　これらの言語を生き延びさせるためには、若い世代がそれに接することが必須です。30年前は大半の年長者が日常的に子どもたちと孫たちに地方語で話しかけていました。それが単純ですが効果的な、口承による知の伝達を容易にしていました。しかしながら今日、とりわけインターネットとソーシャルネットワークが到来してからは、若い世代は口頭よりも書き言葉でコミュニケーションを図っています。

locuteur	話者
vis-à-vis de	〜に対して
aïeux	祖先
aîné	年長者
réseaux sociaux	SNS

> **Il y a beaucoup de gens qui parlent des langues régionales ?**

J C'est vrai que l'on utilise encore les langues régionales en France aujourd'hui ?

F Oui, on peut même en choisir une comme langue de navigation sur certains réseaux sociaux. Comme le breton sur Facebook depuis 2014.

J C'est simple d'utilisation ?

F C'est plus complexe qu'on pourrait le croire : le projet est ambitieux et novateur, mais la traduction de tous les termes du réseau social doit être assurée par les internautes, ce qui prend du temps. C'est néanmoins une utilisation citoyenne du breton qui incite concrètement et directement les quelques 200.000 locuteurs de cette langue à participer à sa survie, à sa promotion et à son renouveau.

J Qui finance de tels projets ?

F Il existe une Charte européenne des langues régionales et minoritaires qui a été signée (mais pas ratifiée) en 1992 par la France sous la direction du Conseil de l'Europe. Le gouvernement français s'est engagé à faire son possible pour respecter le contenu de cette charte, par exemple la signalisation bilingue, en langue régionale, avec laquelle logiquement un panneau de signalisation en Bretagne devrait indiquer Ti an Douristed en breton sous la mention française « Office du tourisme ».

J Et en ce qui concerne l'enseignement des langues régionales à l'école ?

F Là aussi, la France s'est engagée à « prévoir un enseignement primaire et secondaire, total ou substantiel dans les langues concernées au moins aux élèves dont les familles le souhaitent et dont le nombre est jugé suffisant ». Mais il est difficile de former des professeurs motivés et impliqués régionalement pour enseigner le basque, le breton, le catalan, l'occitan ou le corse aux futures générations.

地方語を話す人はたくさんいるの？

日 フランスで今日もまだ地方語が使われているって本当？

フ うん。いくつかのＳＮＳではナビ言語として地方語のひとつを選ぶことさえできるよ。例えば、Facebook では 2014 年からブルトン語が使えるようになったよ。

日 使い方は簡単？

フ 思ったより複雑かな。計画は野心的で革新的だけど、ソーシャルネットワークのすべての語の翻訳はネットユーザーを当てにしなければならないんだ。それは時間がかかることだよね。しかしながら、ブルトン語を民主的に使うことによって、この言語のおよそ 20 万人の話者を、ブルトン語の生き残りと地位の向上と復活に参加したいと具体的に、直接的に思わせているんだ。

日 こうしたプロジェクトに誰がお金を出しているの？

フ ヨーロッパ地方言語・少数言語憲章があって、1992 年にヨーロッパ評議会の指導のもとにフランスによって調印された（批准はされていない）。フランス政府はこの憲章の内容を尊重するためにできるだけのことをすると約束した。例えば、地方語との 2 カ国語の標識に関していえば、必然的にブルターニュの標識パネルでは、「観光案内所 (Office du tourisme)」というフランス語の下にブルトン語で Ti an Douristed と書かれなければならないだろう。

日 学校での地方語教育に関してはどう？

フ そうだね、ここでも、フランスは、「少なくとも、家族が望み、十分な人数が集まったと判断される生徒たちに関わる言語において、総合的あるいは実質的な初等および中等教育を用意する」ことを約束した。しかし、バスク語、ブルトン語、カタルーニャ語、オック語、コルシカ語を未来の世代に教えるために、やる気があり、地方にゆかりある教師を養成するのは難しいんだ。

キーワード⑤

Jennifer Scotte

　ジェニファー・スコットの『フランス人は10着しか服を持たない』が、日本で2015年度上半期1位のベストセラーを記録した。フランス関連本では異例の売れ行きだった。内容は、パリのフランス貴族の家にホームステイしたカリフォルニアガールのカルチャーショックを綴ったもの。要は、使いまわす洋服の数を絞ると、服の管理がしっかりでき、何通りもの着こなしを考えられるようになるということ。そうすれば、買い物欲に負けて無駄な買い物をすることもなく、質のいい服を選ぶ目を養える。このベストセラー現象を通して、アメリカ女性を媒介にしてフランス女性にあこがれる日本人女性、という構図も見えてくる。

Bernard Arnault

　LVMHのオーナーであり、アメリカの経済誌フォーブスが毎年発表する世界長者番付の第14位（2016年度）であるベルナール・アルノーは、2012年オランド政権が誕生し、年間所得100万ユーロ以上の富裕層の所得税率を75％に引き上げると発表したことを受けて、税金逃れのためベルギー国籍を申請した。左翼紙リベラシオン紙はアルノー氏を「失せろ、金持ちのバカめ！(Casse-toi, riche con !)」と1面でこき下ろし、アルノー氏はリベラシオン紙を公然侮辱罪で訴えた。

continent africain

　国際フランコフォニー機構（OIF）が2010年に出した報告書によると、2010年のフランス語を話す人々は2億2,000万人だったが、2050年には7億人（世界人口の8％）に達すると予測されている。しかし、そのうちの85％がアフリカに属する人口が占める。フランスがフランス語圏での主導権を維持するには、アフリカでフランス語教育のためのインフラを整備し、現地の人々に支持されるフランス語メディアを育てる必要がある。フランスがマリや中央アフリカに軍事介入したことも記憶に新しい。フランスを旧宗主国とする国が多いとはいえ、最後のフロンティアに戦略的に影響力を行使しなければ7億人という数字も絵に描いた餅になる。

■著者プロフィール

釣 馨（つり・かおる）

神戸大学非常勤講師。
神戸大学大学院文化学研究科博士課程単位取得退学。フランス語学習者向けのフランス情報サイト FRENCH BLOOM NET を主宰。政治、文化、生活、フランス語学習法まで幅広いテーマを扱う。『ふらんす』（白水社）にコラムを連載中。著書に『近代日本とフランス象徴主義』（共著、水声社）、訳書に『永遠のピアノ』（共訳、芸術新聞社）がある。
http://www.frenchbloom.net/
Twitter アカウント：@cyberbloom

武内英公子（たけうち・えくこ）

神戸大学非常勤講師。
名古屋大学大学院文学研究科博士後期課程単位取得退学。専門はフランス語教授法。パリ第 3 大学（ソルボンヌ・ヌヴェル）博士号（言語文化教授学）取得。神経言語学的アプローチを用いた第二言語および外国語の習得のための教授資格取得。フランス滞在経験が豊富で、現代のフランス事情に詳しい。

ジスラン・ムートン（Ghislain Mouton）

琉球大学、沖縄国際大学非常勤講師、ひつじフランス語教室代表。
リール第 3 大学で日本語学科日本文学修士、琉球大学大学院で人文社会科学研究科言語コミュニケーション修士取得。専門は応用言語学。沖縄でフランス語講師、通訳、翻訳者として活躍中。街角のフランス語を写真に撮ってマッピングするアプリ「Spotfrench」を共同開発するなど、ユニークな活動を行っている。『ふらんす』（白水社）にコラムを連載中。
http://hitsujiji.ti-da.net/

■校正協力
Alexandre Paccalet

日本人が知りたいフランス人の当たり前
フランス語リーディング

2016 年 11 月 30 日　第 1 刷発行
2025 年 6 月 30 日　第 6 刷発行

著　者　釣馨、武内英公子、ジスラン・ムートン
発行者　前田俊秀
発行所　株式会社 三修社
　　　　〒150-0001　東京都渋谷区神宮前 2-2-22
　　　　TEL03-3405-4511　FAX03-3405-4522
　　　　https://www.sanshusha.co.jp
　　　　振替 00190-9-72758
　　　　編集担当　伊吹和真
印刷所　株式会社平文社

Ⓒ Kaoru Tsuri, Ekuko Takeuchi, Ghislain Mouton 2016 Printed in Japan
ISBN978-4-384-05853-6 C1085

JCOPY〈出版者著作権管理機構 委託出版物〉
本書の無断複製は著作権法上での例外を除き禁じられています。複製される場合は、そのつど事前に、出版者著作権管理機構（電話 03-5244-5088 FAX 03-5244-5089 e-mail: info@jcopy.or.jp）の許諾を得てください。

本文・カバーデザイン：ブレインズ・ラボ